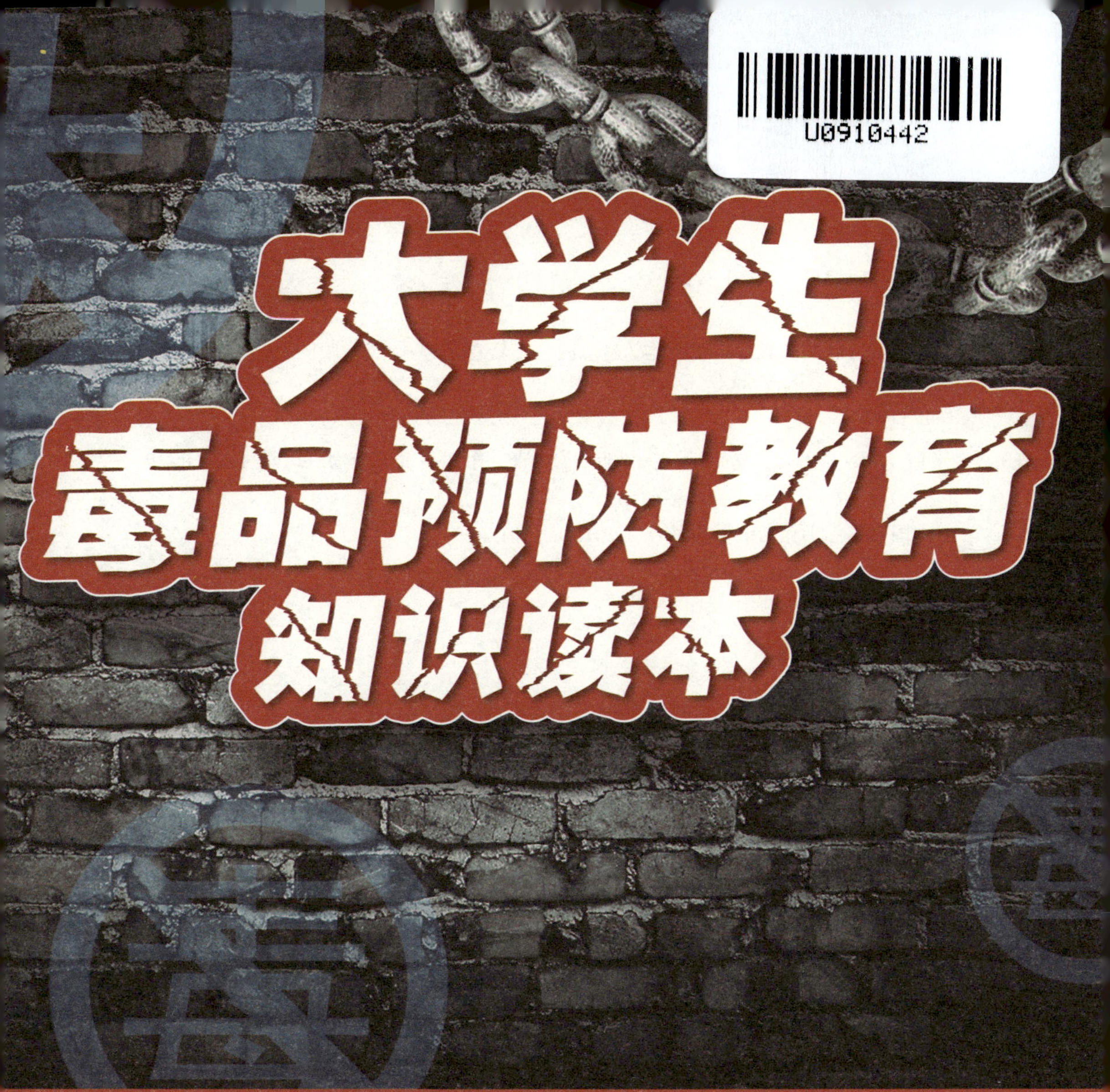

大学生毒品预防教育知识读本

赵忠诚　王新建　刘贻杰 / 著

远离毒品　珍爱生命

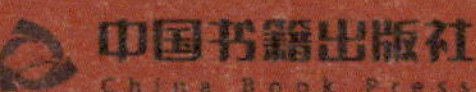

图书在版编目（CIP）数据

大学生毒品预防教育知识读本 / 赵忠诚，王新建著 . —北京：中国书籍出版社，2018.1
ISBN 978-7-5068-6656-9

Ⅰ . ①大… Ⅱ . ①赵… ②王… Ⅲ . ①禁毒—中国—青年读物 Ⅳ . ① D669.8-49

中国版本图书馆 CIP 数据核字（2018）第 016499 号

大学生毒品预防教育知识读本

赵忠诚　王新建　刘贻杰　著

责任编辑 / 许艳辉　庞　元
责任印制 / 孙马飞　马　芝
封面设计 / 张晓伟　刘兰梅
出版发行 / 中国书籍出版社
地址：北京市丰台区三路居路 97 号（邮编：100073）
电话：（010）52257143（总编室）（010）52257140（发行部）
电子邮箱：eo@chinabp.com.cn
经　　销 / 全国新华书店
印　　刷 / 北京九天鸿程印刷有限责任公司
开　　本 / 787毫米 × 1092毫米　1/16
印　　张 / 7.25
字　　数 / 91 千字
版　　次 / 2018年5月第1版　2021年7月第2次印刷
书　　号 / ISBN 978-7-5068-6656-9
定　　价 / 29.80元

前 言

大学生毒品预防教育一直是高校工作中的一项重要内容，在当前发达的网络环境下，大学生毒品预防教育面临新的问题和挑战。为此高校应该与时俱进，积极开展符合时代潮流、符合学生心理特征的毒品预防教育，切实提高预防教育的针对性和有效性。

我国吸毒人群的构成现状主要呈以下特点：男性居多，女性呈上升趋势；吸毒人群呈低龄化趋势；社会闲散人员居多等。其中，青少年既是吸食毒品的高危人群，也已经成为毒品滥用的最大受害者。另外，闲散人员因为没有固定的工作，缺乏生活目标，自由散漫，毒品成为其唯一的精神寄托。

2016 年，全国吸毒人员总量仍在缓慢增长，以海洛因为主的阿片类毒品滥用人数增势放缓，以冰毒、氯胺酮为主的合成毒品滥用人数增速加快，滥用新精神活性物质有所发现，呈现出传统毒品、合成毒品和新精神活性物质叠加滥用特点，毒品滥用结构发生根本变化。

——吸毒人员总量缓慢增长，青少年人数增幅同比下降。截至 2016 年年底，全国共有吸毒人员 250.5 万名（不含戒断三年未发现复吸人数、死亡人数和离境人数），同比增长 6.8%。其中，不满 18 岁的有 2.2 万名，占 0.9%；18 岁到 35 岁的有 146.4 万名，占 58.4%；36 岁到 59 岁的有 100.3 万名，占 40%；60 岁以上的有 1.6 万名，占 0.7%。2016 年，全国新发现的 35 岁以下吸毒人员占新发现吸毒人员总数比例同比下降 2.6%，新发现 35 岁以下的吸毒人员同比下降 19%，查获 35 岁以下的青少年吸毒人数同比下降 4.1%，青少年毒品预防教育成效初显。

——毒品滥用种类多元并存，合成毒品滥用规模居首位。在全国现有的

250.5 万名吸毒人员中，滥用合成毒品人员有 151.5 万名，占 60.5%；滥用阿片类毒品人员有 95.5 万名，占 38.1%；滥用大麻、可卡因等毒品人员有 3.5 万名，占 1.4%。2016 年，全国新发现吸毒人员 44.5 万名，其中滥用合成毒品人员占 81%，滥用海洛因等阿片类毒品人员占 15.8%，滥用大麻、可卡因等毒品人员占 3.2%。2016 年，全国查获复吸人员 60 万人次，其中滥用合成毒品人员占 62%，滥用阿片类毒品人员占 37.4%，滥用大麻、可卡因等毒品人员占 0.6%。全国查获复吸人员已由过去以滥用阿片类人员为主转变为滥用合成毒品人员为主。

——新精神活性物质国内滥用增多，大麻等其他毒品滥用问题凸显。2016 年，中国国家毒品实验室从各地送交的检测样品中，发现 22 份可直接吸食的新精神活性物质，反映出新精神活性物质在中国已存在滥用人群，主要是在娱乐场所滥用。全国现有滥用大麻人员 1.7 万名，其中 2016 年新发现滥用人员 4836 名，个别地方出现有组织聚众吸食现象。山西等地存在滥用甲卡西酮问题，内蒙古等地存在滥用土制海洛因问题，部分地区存在青少年滥用含可待因复方口服液体制剂的止咳药水问题。

大学生作为祖国的未来和希望，同时也是新型毒品的“易感染人群”，大学生要自觉地远离毒品易发地带和高危人群，在保证自己不被伤害的同时要自觉地与此作斗争。此外，高校要加强预防毒品危害这方面的教育，防患于未然，探索正确引导和教育的措施，确保大学生有一块属于他们的纯净的蓝天。

目　录

第一章　认识毒品

第二章　远离毒品

第三章 参与禁毒

第四章 知晓法律

第一章 认识毒品

第一节 毒品概述

一、毒品的定义

毒品的定义是按照《中华人民共和国刑法》和《中华人民共和国禁毒法》来确定的。我国刑法第357条第1款规定："本法所称的毒品，是指鸦片、海洛因、甲基苯丙胺（冰毒）、吗啡、大麻、可卡因以及国家规定管制的其他能够使人形成瘾癖的麻醉药品和精神药品。"《禁毒法》第2条第1款也有相同的表述。

二、毒品的范围

我国毒品的范围除了《刑法》和《禁毒法》明确界定的鸦片、海洛因、甲基苯丙胺（冰毒）、吗啡、大麻、可卡因外，所谓"其他"是指我国《麻醉药品品种目录》（2013年版）以及《精神药品管理目录》（2013年版）列管的药品。目前，包括121种麻醉药品和149种精神药品，其中精神药品分为一类和二类，一类精神药品有68种，二类精神药品有81种。

联合国《1961麻醉品单一公约》和《1971年精神药物公约》所列出的麻醉药品和精神药品均是受到国际管制的药品，也就是通常认为的毒品。这

两个公约将麻醉药品和精神药品按医疗价值、滥用危害程度和管制严格程度分为四类。公约管制的药品的内容是动态的，随着毒品滥用范围的扩大和新型毒品的不断出现，公约管制的药品内容会根据需要进行调整。

需要说明的是，尽管有一部分二类精神药品被认为在对人体产生的依赖性程度上，较之一类药品条目所列药品要低，但是都是《刑法》和《禁毒法》规定的“毒品”的范畴。事实上，这类药品被犯罪分子所利用而进行各种犯罪活动也不少。如果只注意走私、贩卖、运输、非法持有鸦片、海洛因、吗啡、冰毒、可卡因等的犯罪，而对这类药品却不加以关注，就会顾此失彼，也不符合我国加入的精神药品管理的有关国际公约的精神。

当然，毒品数量并非固定在270种而不再发生变化，目录的品种会在不同时期根据当时的毒品形势进行调整。

三、吸毒的方式

吸食毒品的方式有口吸、鼻吸、口服、注射等多种方式，但因最初滥用毒品的方式为口鼻吸入，所以将滥用毒品的各种方式习惯统称为“吸毒”至今。下面介绍一些常见的吸毒方式，希望读者以后见到类似情境应该提高警惕。

1. 直接口服

直接用于口服的毒品不多，一般有美沙酮、可待因、可卡因、冰毒等，也有将毒品混入饮料、酒水甚至直接做成冲泡饮料粉末的。其中，口服冰毒会导致“兴奋—抑制”的滥用循环。吸食者每天必须使用冰毒以保持兴奋，否则难以度过；夜晚必须用安眠药镇静高度兴奋的神经，弥补冰毒作用后期

的不快效应，否则亦难过。次日又开始这种恶性循环，如此反复，不能自拔。这种恶性循环极易导致过量中毒。

2. 烟 吸

吸食鸦片是将鸦片放入烟斗点燃后吸入烟气。不同于鸦片的吸食方式，如今的烟吸多是将毒品卷入香烟内（有的是特别含毒香烟），使毒品随着香烟烟雾一起吸入呼吸道。吸食大麻则是直接把大麻烟丝当作香烟吸食。无论哪种吸法都会对呼吸系统造成非常严重的影响。

3. 鼻 嗅

鼻嗅，又称鼻吸，就是直接用鼻子吸入毒品，这种吸食方法多见于吸食粉末状的毒品或挥发性有机溶剂或气体毒品，这种吸食方法在电视剧或电影中比较多见，例如可卡因、K 粉、海洛因等。

4. 烫 吸

烫吸又称“吸烫烟”，将毒品置于锡纸、器皿中，然后在下面用打火机点燃，加热使毒品产生烟雾，然后用嘴、鼻吸入烟气。吸食高纯度可卡因（又名“快克”crack）或海洛因等通常用这种吸食法。

5. 注 射

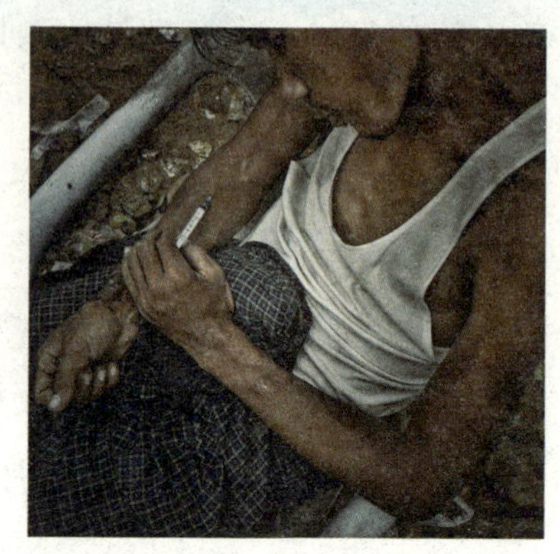

注射有三种方式，即皮下注射、肌肉注射和静脉注射。为了不易被察觉，一般情况下，吸毒者会选择较为隐蔽的身体部位进行注射，如臂膀内侧、颈部、大腿内侧、腹股沟处、舌下以及女性的乳房下侧和男性的生殖器部位。个别吸毒者为了追求更刺激的快感，甚至采用“开天窗”的注射方式，即在颈动脉或股静脉注射，毒品直接顺着血液进入大脑，这种方式非常危险，容易当场猝死。

除此之外，冰毒的吸食方法和工具较为特殊，如果你周边发现以下东西，就必须警惕，这意味着周边必定有人在“溜冰毒”。

冰毒的吸食方法可以说是在所有毒品中最复杂的一种，称之为“溜冰”。所需的工具：装水的瓶子、点火工具、吸管、锡纸。吸毒者通常将这些瓶瓶罐罐称作冰壶，用来盛水过滤冰毒的烟气，然后通过口或鼻吸其烟雾，一面加热一面将烟雾吸入呼吸道。鼻吸后很快为鼻黏膜吸收，因刺激性及对血管有收缩作用，故容易形成鼻腔溃疡。

冰毒的吸食方式很像是在煮东西，广东人称煮东西叫煲东西，所以毒圈里的人一般把吸冰毒叫“煲猪肉”，最后叫得多了，全国各地都简称为“肉”。冰毒又称为“肉”“猪肉”“嘎嘎”“牙签”“钻石”“象牙棒”（“钻石”“象牙棒”通常指品质较好的冰毒）。以后听到这类词语就应该警惕了。

如果读者碰到了上述吸食毒品的行为或者吸毒的工具，不要惊慌，先远离吸毒者以保证自己的安全，然后寻找机会报警；还有，在娱乐场所遇到陌生人递来的任何食品、饮料、香烟等，绝对不要接受。当然，最好不要去那些人员复杂、毒品容易出现的地方。

四、毒品的特征

毒品的基本特征有三个，即毒品的依赖性、危害性和非法性，同时，从某种程度上来说，这也是构成“毒品”概念的要素。这三个方面，是一种物质之所以属于“毒品”的范畴而区别于其他的药品、毒药、可成瘾药物的基本要素。这三个特征是相互关联的，依赖性是毒品的自然特征，危害性是毒品的社会特征，非法性是毒品的法律特征。毒品因存在药物依赖性而导致了人们的滥用，并引起对个体以及社会的危害，因此受到法律的禁止。

（一）毒品的依赖性

毒品的依赖性表现为药物综合征，即由于长期反复使用毒品，毒品与机体相互作用引起的生理和心理状态，有时也称为药物依赖性。世界卫生组织专家委员会于 1969 年对药物依赖性的含义作了如下描述：“药物依赖性是由药物与机体相互作用造成的一种精神状态，有时也包括身体状态，表现出一种强迫性地要连续或定期用该药的行为和其他反应，目的是要感受它的精神效应，有时也是为了避免停药引起的不适，可以发生或不发生耐受。用药者可以对一种以上药物产生依赖性。”由此可知，毒品的依赖性可以分为生理依赖和心理依赖。

1. 生理依赖

生理依赖又称为身体依赖，是毒品成瘾的病理生理学特征。毒品作用于人体，使人产生适应性改变，形成在药物下的新的平衡状态，也就是异常平衡状态。一旦停止服用，生理功能就会发生紊乱，机体处于失衡状态，出现一系列严重的躯体症状，称为戒断症状，使人感到非常痛苦。吸毒者为了避免戒断症状，就必须及时服药，并且不断加大剂量，最终导致其终日离不开毒品。

2. 心理依赖

心理依赖又称精神依赖，俗称“心瘾”，是毒品成瘾的病理心理学特征。心理依赖是毒品对中枢神经系统作用所产生的一种特殊的精神效应，毒品使用者处于一种追求使用毒品的强烈欲念下，有一种“渴求”，这种欲念强迫吸毒者不顾一切地去寻求毒品，以满足自己的欲望。这样做一方面是为了享受毒品所带来的“欣快”，另一方面也是为了避免一旦戒断毒品所带来的难以忍受的痛苦，即戒断症状。这两方面因素使吸毒者身不由己，陷入不能自拔的毒品滥用深渊。

3. 耐受性

药物耐受性是机体对药物反应的一种适应性状态和结果。当反复使用某种药物时，机体对该药物的反应性减弱，医学效价降低；为达到与原来相等的反应和药效，就必须逐步增加用药剂量，这种叠加和递增剂量以维持药效作用的现象，称药物耐受性。

（二）毒品的危害性

某些成瘾性药物之所以被称为“毒品”，在于它的危害，而这种危害来源于它的社会属性，即使人形成瘾癖，从而导致部分人的滥用，或称为流行性滥用。毒品的危害性主要表现在生理、心理和社会三个方面。

生理方面的危害性一方面表现为吸食毒品能导致身体产生依赖，另一方面，毒品本身对于人的神经、大脑、呼吸、消化道、心血管以及肌肉等重要的器官或组织具有明显的毒性，所以在吸食期间或者戒断后一定时期内，身体会出现不同程度的中毒反应，产生疾病，甚至危及生命。

毒品的心理危害表现为，即使经过脱毒治疗，患者能够逐渐克服戒断症状所带来的痛苦，然而心里仍然保持着对毒品的渴求，甚至在戒毒治疗结束后不久又开始吸食毒品。从这个意义上来说，对人的精神损害是毒品特有的、最严重的损害，也是毒品难以禁绝、毒品犯罪肆虐全球、毒品问题困扰人类的关键因素之一。此外，毒品能够改变吸毒者的生活方式、性格特点、心理素质和意志行为，从而导致一系列非常态行为乃至危害行为的发生。

吸毒的社会危害性在于吸毒导致患者劳动能力丧失的同时，增加财政开支负担，吞噬社会的财富；由毒品带来的各种违法犯罪的问题，特别是毒品犯罪集团和黑社会组织带来的各种暴力犯罪活动，严重危害社会稳定，造成社会动荡；吸毒还会导致艾滋病等传染性疾病的传播，危及他人的生命安全和健康。

（三）毒品的非法性

非法性是毒品的法律属性，毒品及涉毒行为均受到法律管制。毒品的非法性表现在毒品是受国家法律管制的、禁止滥用的特殊药品，与毒品有关的行为，包括种植、生产、运输、销售、使用等各个环节均受到国家相关法律、法规的严格管制。

1. 毒品是一种受国家管制的特殊药品

国家有关药品的管理制度是判断药品合法与非法的依据。我国关于药品的管理有两类法律规定：第一类是国内现行的药品管理法规，如《药品管理法》《麻醉药品和精神药品管理条例》《易制毒化学品管理条例》等；第二类是我国加入的有关国际公约，主要是联合国 1972 年修正的《1961 麻醉品单一公约》和《1971 年精神药物公约》，还有我国参加并签订的国际禁毒会议的决议等。

2. 毒品是法律明文禁止滥用的药品

按照《药品管理法》等法律规定，所有药品的生产、销售都要接受国家的管理和监督。我国有关药品管理尤其是麻醉药品和精神药品管制的法律、法规，全面、严格、具体、明确地规定了受管制的药品的种类、名称和范围，为区分药品、毒药和毒品提供了法律依据。

3. 与毒品有关的行为是犯罪行为

毒品的非法性还表现在：可成为毒品的药品是最特殊的药品，与毒品有关的行为是严重的犯罪行为。无论我国的法律还是其他国家的法律，一般都对鸦片、海洛因、大麻、可卡因等麻醉药品和精神药品进行严格管制，也都将非法种植、生产、制造、贩卖此类麻醉药品和精神药品的行为规定为犯罪。通常，毒品犯罪被视为严重犯罪，依法予以严惩。

总之，依赖性（自然属性）、危害性（社会属性）、非法性（法律属性）是毒品的三大特征，也是构成毒品定义的三大要素。

第二节 常见的毒品种类

一、分类方法

当被问到毒品有什么，人们能想到的种类繁多，鸦片、海洛因、冰毒、K 粉、摇头丸、止咳水……毒品分类的方法有很多，主要是以下几种。

（一）按流行时间来分类

从毒品的流行时间顺序，我国将其分为传统毒品和新型毒品。

1. 传统毒品

传统毒品一般指鸦片、海洛因等阿片类、可卡因、大麻流行较早的毒品。这类毒品一般从植物中提炼，典型的代表就是海洛因、可卡因、大麻，其中以海洛因为首，其危害性以及成瘾性被称之为毒品之王。

2. 新型毒品

新型毒品是相对传统毒品而言的，主要指甲基苯丙胺等人工化学合成的致幻剂、兴奋剂类毒品，在我国主要从 20 世纪末、21 世纪初开始在歌舞娱乐场所中流行。典型的代表有冰毒、麻古、摇头丸、K 粉等。

（二）按国际公约规定分类

根据《1961 麻醉品单一公约》和《1971 年精神药物公约》等国际公约的规定，毒品可以分为麻醉药品和精神药品两大类，这是一种目前国际共识的分类方法，属于药理学的分类原则。

1. 麻醉药品

麻醉剂是指医疗上具有麻醉、镇静等作用，连续使用后易产生生理和心理依赖性、能形成瘾癖的药品，主要包括鸦片类（天然与合成）、可卡因类和大麻类。

2. 精神药品

精神药品是指作用于中枢神经系统，使人兴奋、抑制或有致幻作用，连续使用能产生依赖性的药品，主要包括镇静剂、兴奋剂和致幻剂三类。

（三）按毒品的来源分类

毒品可分为天然毒品、半合成毒品和人工合成毒品三大类。

1. 天然毒品

天然毒品来源于植物，是将植物的某一部分直接吸食，或从毒品原植物中提取分离出纯度较高的有效毒品成分，常见的天然毒品有鸦片、大麻、古柯等。

2. 半合成毒品

半合成毒品是之前由天然植物提取出有效成分，再进一步合成加工的毒品。例如海洛因是用罂粟提取物吗啡制造的半合成毒品。又例如，甲基苯丙胺（冰毒），其加工途径之一就是从麻黄草中提取麻黄碱，再对麻黄碱进行化学加工。

3. 人工合成毒品

人工合成毒品是以化学物质为原料，用化学合成的方法制造而成的毒品。常见的人工合成毒品有苯丙胺类兴奋剂（冰毒、“摇头丸”等）、人工合成鸦片类（杜冷丁、美沙酮）、致幻剂类（苯环己哌啶、氯胺酮等）、抑制剂类（巴比妥类、苯二氮䓬类等）。

（四）按毒品对人中枢神经的作用（药理学作用）分类

毒品可分为麻醉剂、兴奋剂、抑制剂和致幻剂。

1. 麻醉剂

麻醉剂是指医疗上具有麻醉、镇静等作用，连续使用后易产生生理和心理依赖性、能形成瘾癖的药品。常见的麻醉剂有海洛因、吗啡、可待因、杜冷丁（哌替啶）、美沙酮、芬太尼、丁丙诺啡、大麻、可卡因等。

2. 兴奋剂

兴奋剂是指对刺激中枢神经系统产生兴奋效应的，并且可以导致依赖性的药品。常见的兴奋剂有苯丙胺类、古柯类、咖啡因等。

3. 致幻剂

致幻剂是指在不影响人的意识和记忆的情况下改变人的知觉、思维和情感活动的药品。常见的致幻剂有麦角酰二乙胺（LSD）、麦司卡林、苯环己哌啶（PCP）、大麻、氯胺酮（“K 粉”）、MDMA 等。

4. 抑制剂

抑制剂是指能对中枢神经系统呈现抑制效应并且可以导致依赖性的药品。常见的抑制剂有巴比妥类、苯二氮䓬类等。

需要说明的是，一些毒品同时兼具麻醉、兴奋、致幻或抑制等多重药理作用，可根据不同的滥用功能表现将其归为不同类别，也就是说，同一种毒品可归属在不同的类别中，如大麻、可卡因等。

（五）按世界卫生组织规定分类

1973 年，世界卫生组织根据国际公约规定的麻醉药品和精神药品，并考虑到酒精、烟草、挥发性溶剂等 3 类未列入国际管制的精神活性物质，将可致依赖性和滥用性的药物分为 8 类，即阿片类、可卡因类、大麻类、中枢神经兴奋剂类、酒精以及镇静催眠类、致幻剂类、挥发性有机溶剂类、烟草类。

1. 阿片类

阿片类是一种从罂粟蒴果提取的树脂渗出物，加上人工半合成的麻醉、镇痛性药物，如鸦片、吗啡、海洛因、芬太尼、哌替啶、美沙酮等，其中典型的毒品代表即海洛因。

2. 可卡因类

可卡因类是由生长于南美洲安第斯山的灌木古柯树的叶加工提出的生物碱，包括古柯碱、可卡因、克赖克等。

3. 大麻类

大麻类物质包括大麻属植物大麻（一般作为毒品使用的是亚洲大麻的一

个变种，称为印度大麻）和提炼而成的大麻脂、大麻烟、大麻油。

4. 中枢神经兴奋剂类

对中枢神经系统呈现兴奋效应的，并且会使人产生精神依赖的药物，包括苯丙胺、甲基苯丙胺、亚甲基二氧基甲基苯丙胺、咖啡因等。其中以甲基苯丙胺类为主，即臭名昭著的冰毒。

5. 酒精以及中枢神经抑制药类

酒精即乙醇，一种镇静剂，也是一种全身性、非特异性的中枢神经系统抑制剂。我国约有五千万的酒精成瘾者。

中枢神经抑制药临床多是用于镇静、催眠、治疗焦虑、解除肌肉痉挛、控制癫痫发作等的镇静催眠药物，品种众多，可以分为两大类：巴比妥类，如苯巴比妥、异戊巴比妥、司可巴比妥等；苯二氮䓬类，如地西泮、艾司唑仑、咪达唑仑等。

6. 致幻剂类

这是一类能引起精神症状的药物，用药后可改变正常情绪、感知和思维状态，亦称为“似精神病药”。包括麦角酸二乙胺（LSD）、二甲基色胺（DMT）、裸素菇素、苯环利定（PCP）等。

7. 挥发性有机溶剂类

来自人们日常生活使用的油漆稀释剂、去涂料剂、香蕉水、松节油、胶水、汽油、煤油和其他石油制品、打火机和清洁用液体以及各种气溶胶剂等。有机溶剂和鼻吸剂包括一系列挥发性很强的化合物，有效成分包括甲苯、丙酮、苯、四氯化碳、乙醚及各种酒精和乙酸盐。它们能像抑制剂一样对中枢

神经系统起作用，长期吸食有可能导致知觉受损、失去协调和判断能力、呼吸抑制和脑部受损。

8. 烟草类

使用最广泛的“合法毒品”——烟草，是我们日常生活处处可见的。其主要含有尼古丁、焦油、一氧化碳等多种有害成分。其中尼古丁为主要的致依赖性物质，有剧毒，对中枢神经系统、周围神经系统、心血管系统以及身体器官都能产生强烈的作用。

（六）按对人体毒性危害分类

1. 硬性毒品

硬性毒品又称烈性毒品，是指对中枢神经系统具有高度毒性的毒品，如海洛因、苯丙胺类等。

2. 软性毒品

软性毒品又称温和毒品，是指对中枢神经系统毒性相对较缓和的毒品，如大麻、咖啡因等。

二、常见毒品

（一）罂　粟

罂粟是罂粟科植物，一年生草本植物，植株高 60 厘米 ~ 100 厘米，其

花朵大而艳丽，花瓣4枚，颜色有红、白、紫、粉红等。罂粟的有效成分主要存在于果实中，罂粟籽中几乎不含毒品有效成分。罂粟是一种很古老的植物，人类种植历史已有几千年。

罂粟是制取鸦片的重要原料。从罂粟果中提取的鸦片、吗啡、可待因、蒂巴因、那可汀、罂粟碱等生物碱。未经灭活的罂粟籽可以用于种植毒品原植物罂粟，所以罂粟籽也是受法律管制的。我国《刑法》第352条规定，非法买卖、运输、携带、持有未经灭活的罂粟等毒品原植物种子或者幼苗，数量较大的，处三年以下有期徒刑、拘役或者管制，并处或者单处罚金。

罂粟本身并不是一种常见毒品形态，一般不会直接把它当作毒品滥用，但是罂粟的浓缩物、罂粟果的提取物是我国《麻醉药品品种目录》管制的麻醉药品。罂粟的非法滥用主要有两种：作为原植物，提炼加工鸦片类毒品；一些不法商人将罂粟壳加入火锅汤料等。

（二）鸦　片

鸦片（英语 opium，俗称烟膏、大烟）系草本类植物罂粟未成熟的果实用刀割后流出的汁液，经风干后浓缩加工处理而成的褐色膏状物。罂粟果汁液提取后置于空气中，由于氧化变成棕褐色或黑色膏状物质，即为生鸦片，其具有浓烈的特殊气味，新鲜时具有弹性，长时间放置后变成硬块。生鸦片一般不直接吸食，经烧煮和发酵等，进一步精制成熟鸦片后使用。熟鸦片表面光滑柔软，有油腻感，呈棕色或金黄色，通常用薄布或塑料纸包装。吸食时，可散发出强烈的香甜气味。

鸦片中的主要成分是 20 多种生物碱，约占其重量的 20%。鸦片含有的生物碱主要是两类：苄基异喹啉类和菲类。前者主要为罂粟碱；后者包括吗啡，可待因和蒂巴因，共计超过 25 种，占不纯鸦片含量约 10%。鸦片可以用作原料，提取吗啡、可待因、蒂巴因、罂粟碱等药品；也可以将其中的一些提取物进一步加工成其他药品，如用蒂巴因合成丁丙诺啡。鸦片的药理以及毒理、致瘾作用大部分由其成分吗啡所致。

鸦片具有止咳、镇痛、止泻等功效，但若滥用则可成瘾，危害健康。据临床统计，口服 5 ~ 15 毫克鸦片，可出现轻度中毒症状，即心烦口渴疲乏，瞳孔缩小，站立不稳或嗜睡；口服 20 ~ 30 毫克，就会由嗜睡转入深睡，唤醒后意识混乱不清、有恶心感；若口服 100 ~ 350 毫克，则引起严重中毒，昏睡不醒，脉搏慢弱，皮肤湿冷，反射消失，重者 7 ~ 12 小时死亡。

（三）吗　啡

吗啡（英文名：Morphine，MOP）是阿片类毒品的一种，在鸦片中的含量为 4% ~ 21%，平均 10% 左右。吗啡具有特殊的气味，形状似细咖啡粒，纯净的吗啡为无色或白色的结晶或粉末，难溶于水，易吸潮。粗制吗啡又称为“黄皮”，其吗啡含量一般为 70% ~ 90%，呈粉末状或块状，有白色、米色和深褐色。1806 年，德国化学家泽尔蒂纳首次将其从鸦片中分离出来，并使用希腊梦神 Morpheus 的名字将其命名为吗啡。其衍生物盐酸吗啡是临床上常用的麻醉剂，有极强的镇痛作用，而且它的镇痛作用有较好的选择性，多用于创伤、手术、烧伤等引起的剧痛，极少数用于心肌梗死引起的心绞痛，还可作为镇痛、镇咳和止泻剂，但其最大缺点是易成瘾，这使得长期吸食者无论从身体上还是心理上都会对吗啡产生严重的依赖性，从而对自身和社会均造成极大的危害。

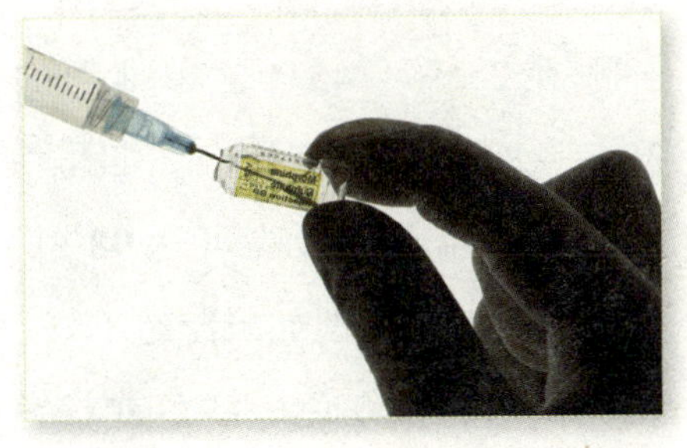

（四）海洛因

海洛因（Heroin），该字源自德文 heroisch 一词，意即女英雄。纯净的海洛因为白色，有苦味的粉末。吸毒人员根据其外观又俗称白面、白粉、四号仔等。按照纯度和成分海洛因又分为一到五号五大类，常见的非法出售海洛因为白色粉末，或淡黄色、浅灰色或淡蓝色块状。

三号海洛因又称为“香港石”“棕色糖”“白龙珠”等，是将盐酸吗啡经乙酰化生成二乙酰吗啡或盐后，再添加大量的稀释剂而制成的颗粒状的毒品，有时也有粉末状的，颜色从浅棕色到深灰色。三号海洛因中吗啡的乙酰酯化合物一般在25%～45%，咖啡因的含量在30%～60%，常有掺杂。四号海洛因的二乙酰吗啡含量最高可达98%。纯态时应为白色粉末。但如果制造不好，也可能是浅黄色、粉红色、沙色或棕色的粗糙粉末或颗粒。中国境内的四号海洛因大部分都是进口，国内自产较少。由于四号海洛因销售时经常以小型塑料袋包装，黑市上有时也称为“零包”“小包”。

黑市上据称已经出现了纯度高达99.9%的高纯度五号海洛因，主攻高阶层吸食者，但这一分类目前没有得到一般性认可。

海洛因类似吗啡，但其药效强度是吗啡的4～8倍，药物依赖性是吗啡的2.5倍，其水溶性和脂溶性都大于吗啡，从

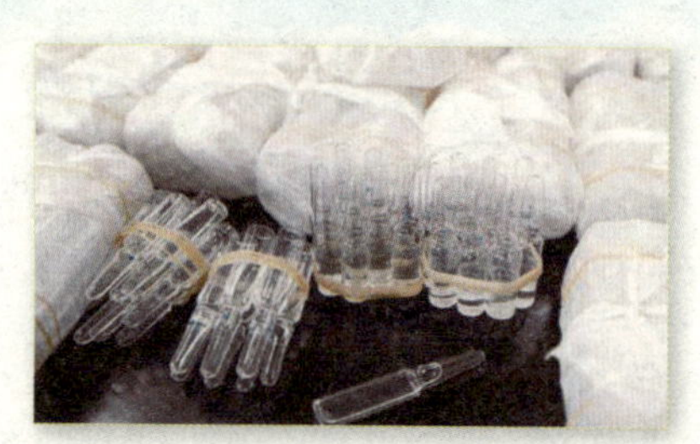

海洛因针剂

俗称“白面”的海洛因粉末

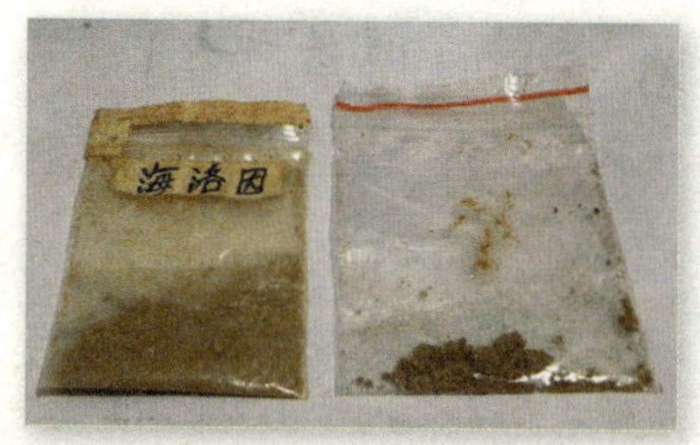

这种海洛因掺杂有老鼠药、墙粉等其他未知物质而制成的变异海洛因，其呈现出与我们认识不一样的颜色，危害更大

而能更迅速地被人体吸收。由于海洛因的毒副作用已经远远超出了它的药用价值，不少国家都已经将它从药典中剔除，世界上大多数国家已经明令禁止使用海洛因。尽管如此，打击海洛因毒品的犯罪，依然是各国禁毒部门必须花费大量人力物力去进行的工作，依然任重道远。

（五）杜冷丁

杜冷丁，别名哌替啶，于1939年由赫希斯特研发，是一种人工合成的阿片受体激动剂，属于苯基哌啶衍生物，是一种临床应用的合成镇痛药。杜冷丁为白色结晶性粉末，味微苦，无臭，其作用和机理与吗啡相似，但镇静、麻醉作用较小，仅相当于吗啡的1/10～1/8。

杜冷丁注射剂

杜冷丁是吗啡的人工代用品，具有与吗啡类似的性质。其药理作用与吗啡相同，临床应用与吗啡也相同。杜冷丁反复作用也可成瘾，不良反应与吗啡相似。所以，无论从其药理作用、成瘾性，对人体的危害，还是从法律文件规定上讲，杜冷丁都属于一种毒品。

（六）可待因

可待因，是鸦片中所含有的天然生物碱之一，含量为1%～3%。可待因与吗啡的化学结构相似，只是在吗啡的结构上多了一个甲基，所以可待因又叫作甲基吗啡。可待因为白色细微的

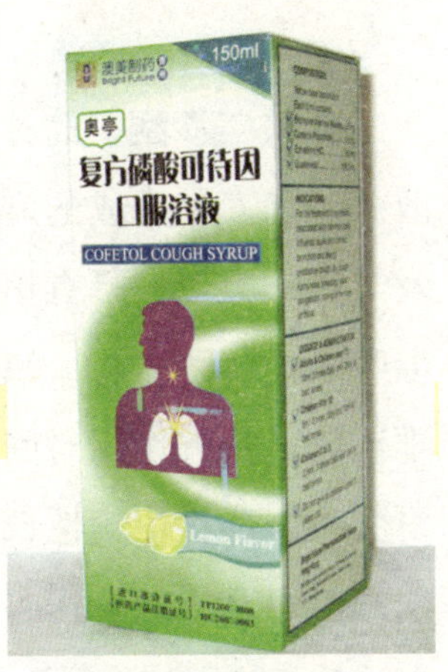

市面上销售的复方磷酸可待因口服液

针状结晶性粉末，水溶液显酸性。

一种名为“Sizzurp”或“purple drank”的新毒品，其中就含有可待因成分

可待因长期使用亦可产生耐受性、成瘾性，成为被滥用的毒品。目前，国内关于青少年滥用止咳水的现象时不时地被媒体报道，甚至有些地方还曝光当地中小学生滥用止咳水的问题。鉴于可待因止咳效果的不确定性和对儿童健康的不利影响，有研究者建议可待因不应该再被作为止咳药来使用。

目前，国家食药监管总局已经规定，凡是含有可待因成分的药品，应注明：12 岁以下儿童禁用本品。对于患有慢性呼吸系统疾病的 12 ~ 18 岁儿童和青少年不宜使用本品，临床也开始推荐使用其他不含可待因成分的止咳药品。相信可待因被滥用的现象很快会得到遏制。

（七）美沙酮

盐酸美沙酮，简称美沙酮，又名美散痛，是人工合成的麻醉性镇痛药，药效与吗啡类似，具有镇痛作用，并可产生呼吸抑制、缩瞳、镇静等作用。与吗啡比较，具有作用时间较长、不易产生耐受性、药物依赖性低的特点，是二战期间德国合成的替代吗啡的麻醉性镇痛药。20 世纪 60 年代初期发现此药具有治疗海洛因依赖脱毒和替代维持治疗的药效作用。

美沙酮的盐酸盐为无色或白色的结晶粉末，易溶于水，剂型为胶囊、口服液。作为常用的鸦片类毒品成瘾治疗药，其最为常见的形态是口服液。美沙酮的用途除了和吗啡、杜冷丁类似的镇痛治疗外，最大的用途是用于鸦片类依赖的脱毒治疗，以及鸦片类依赖的替代维持治疗，即美沙酮维持治疗。但是，如果看管不严，流入非法渠道，同样可以被当作毒品滥用。

（八）大 麻

大麻，英文名称 Cannabis 或者 Marijuana，是当今世界最廉价、最普遍、滥用人数最多的毒品之一，与海洛因、可卡因并称全球三大传统毒品。

大麻是一种一年生直立草本植物，广泛生长在温带和热带地区，喜温耐寒，适应性很强。大麻比较矮小多枝，其植株中含有一种精神活性物质——四氢大麻酚，就是导致大麻属于毒品的主要活性物质之一。

《2016 年世界毒品报告》显示，大约有 2 亿 5000 万、介于 15 岁至 64 岁

的人——相当于成人人口的5%，在2014年至少使用过一次毒品。而其中，大麻继续成为全球范围内最普遍使用的毒品，估计有1亿8300万人在2014年使用过这种毒品。

大多数人在吸食大麻后会产生一种梦幻意识状态，思维不连贯，无法控制，自由漂浮，伴随着的是一种幸福感或欣快的飘飘欲仙与精神松弛感。有些人则是不停地傻笑，像喝醉酒。最突出的是吸食者会发现时间过得特别慢，正常几分钟时间在其感觉就是几十分钟，度日如年。

长期使用大麻，在中止吸食后会出现包括震颤、出汗、恶心、呕吐、腹泻、激动、烦躁不安、厌食、失眠、体温下降甚至寒战、发热、震颤等轻到中等程度的戒断反应。通常来说大麻使用者迷恋的是那种梦幻般的意识，自由自在的漂浮幸福感或欣快伴随飘飘欲仙与精神松弛感。大麻对人的大脑和精神状态影响是香烟不能比拟的，也就是长期吸食会有心理上的依赖和精神上的危害，如出现焦虑和恐慌，人格的改变，本身有轻微精神症状者，大麻也会加重其病症。

（九）古　柯

古柯，常绿灌木，株高2～4米，树皮褐色，小枝干呈黑褐色或棕褐色。古柯树叶茂密，叶片长3～7厘米，呈长椭圆形，边缘光滑，其形状和味道均类似茶叶。古柯性喜温暖、潮湿，生长于南美洲安第斯山区。由叶提取出的古柯碱（即大名鼎鼎的毒品可卡因，Cocaine），为重要的局部麻醉药物。可卡因是从古柯树叶中分离出来的一种最主要的生物碱，属于中枢神经兴奋剂，该种亦为毒品海洛因的原植物。

常见的古柯类毒品有古柯叶、古柯糊、可卡因、克勒克。

1. 古柯叶

古柯叶中除了含有水、叶绿素等其他植物共有的成分外，还有很多特有的生物碱，其中最具生物活性的是古柯碱。其滥用方式有直接咀嚼和泡茶饮用。

2. 古柯糊

古柯糊又称古柯膏，是用煤油或者其他有机溶剂浸泡古柯叶提取的可卡因初级产品，其外形为棕色黏性物或米色结块颗粒。其滥用方式有口服、燃吸，燃吸常用雪茄或水烟等工具。

（十）可卡因

可卡因（Cocaine），又称古柯碱，化学名称为苯甲酰甲基爱康宁，别名苯甲酰甲基芽子碱，是古柯植物中具有生物活性作用的生物碱，是古柯植物

发挥毒性作用的主要物质。

纯度达 70% ~ 90% 的可卡因又名“快克”或“克勒克 (crack)”，其加热时会发出特殊的噼拍响声，故定名为“crack”(噼拍响)。快克可以像海洛因或冰毒一样，经熏烤成烟雾后抽吸滥用，低纯度可卡因却没有这样的现象。

可卡因作用于中枢神经系统，兴奋大脑皮层，而后再由皮层过度兴奋转为抑制状态。使用者会立即产生一种高度欣快、兴奋、自足的感觉，药效达 30 分钟左右，使用者可以毫无倦意地从事长久、紧张的脑力和体力劳动。“快克”使用后的反应与可卡因基本相同，但抽吸后“上冲”的感觉较可卡因来得更快、更强烈，成瘾所需时间更短，个体对于“快克”的渴求程度也更强。当这些感觉慢慢消退时，会经历一个相对应的低潮，出现烦躁不安、精神恍惚、严重的抑郁，以及便秘、痉挛、恶心等症状，迫使吸毒者极想重复使用并增大剂量，恢复欣快感。吸食的剂量和次数会不断地增加，耐受性发展非常迅速，产生极强的生理、心理依赖性，有的甚至发展到一天到晚不停地用药。

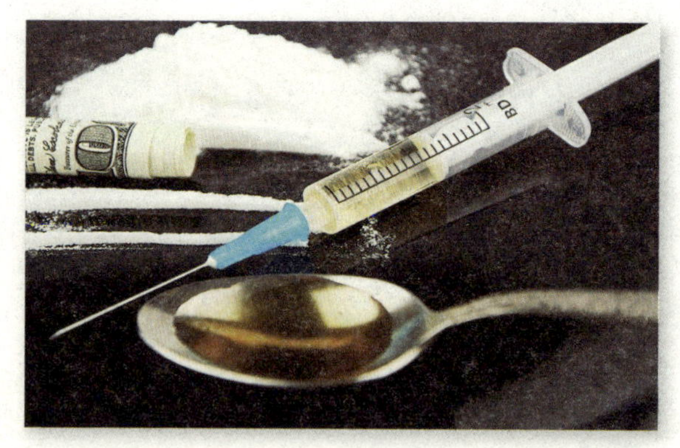

可卡因是仅次于毒品之王海洛因的另一种传统毒品，它的危害与成瘾性和海洛因不相上下，对身体各个器官以及精神状态都有极大的伤害，一旦成瘾就难以摆脱，我们绝不能掉以轻心，必须对其加以抵制。

（十一）苯丙胺

苯丙胺，又叫苯基乙丙胺，英文Amphetamine，音译为安非他明。1887年，德国药学家埃德林诺首先用麻黄素合成了苯丙胺。1885年，日本药理学家长井长义从麻黄植物中分离出一种具有使交感神经系统兴奋的活性物质，命名为“麻黄素”，并于1889年，用麻黄素合成了甲基苯丙胺，即臭名昭著的冰毒。

苯丙胺具有明显的兴奋中枢神经的作用。大剂量使用时（如超过20mg），兴奋效应得到增强，会出现心动过速、情绪亢奋、喋喋不休或暴躁易怒的情况。超量或反复使用可产生病态嗜好，并引起兴奋与抑制过程的平衡失调而导致精神症状。目前，安非他明更多地被用作毒品成分与其他毒品制成混合制剂使用。

（十二）冰　毒

冰毒，学名甲基苯丙胺（MA），又名甲基安非他明，外观为纯白结晶体，晶莹剔透，很像我们日常生活中块状的冰糖，故被称为“冰毒”。它是一种人为使用化学合成物质，化学结构与苯丙胺相近（多了一个甲基——CH3），对中枢神经有强烈的刺激、兴奋作用，让人连续兴奋一段时间，而不觉疲劳。

据吸食者的描述，吸食冰毒后，整个人兴奋不已，几天几夜可以不睡觉，喜欢重复刻板做同一件事情，简单说就是大脑始终处于亢奋状态停不下来。长久吸食冰毒，会改变和破坏人的大脑和神经系统，影响人的精神状态和情绪以及行为，直观地说就是会得间歇性精神病，会产生妄想迫害症、幻觉、幻听、偏执等症状，进而会有自残、暴力攻击等失控行为，对自己或是旁人

都具有不可控的暴力攻击风险。

1996年11月25日，联合国禁毒署在上海召开的国际兴奋剂专家会议上，一致认为苯丙胺类兴奋剂将逐步取代本世纪流行的鸦片、海洛因、大麻、可卡因等常用毒品，成为21世纪全球范围滥用最为广泛的毒品。

冰毒的主体成分或者说发挥作用的是苯丙胺类物质，代表品种是甲基苯丙胺（MATM）、3,4- 亚甲基二氧基 -N- 甲基苯丙胺（MDMA，摇头丸的主体成分之一）和4,5 —亚甲基二氧基苯丙胺（MDA，摇头丸的主体成分之一），其中的甲基苯丙胺是最普遍滥用的品种之一。由于制作简易，成本低廉，冰毒的使用量迅速增加，并逐渐取代了传统毒品之王海洛因，成为祸害全球的新的毒品之王。

（十三）摇头丸

摇头丸，是一种以甲基苯丙胺为主体的混合型毒品。尽管它与冰毒成分相似，但它比冰毒复杂，一般以MDMA（3,4 —亚甲基二氧甲基苯丙胺）、MDA（4,5 —亚甲基二氧基苯丙胺）、AM（苯丙胺）及MATM（甲基苯丙胺）为主要有效成分。毒贩为了满足不同吸食者的不同需求，往往还会掺杂麻黄素、氯胺酮(K粉，致幻剂)、甘露醇、 硫酸镁、谷氨酸钠、葡萄糖等次要成分。辅助成分的添加，可以改变其药理学作用。这些五花八门的成分综合在一起，使得摇头丸的效用变幻莫测，具有兴奋和致幻双重效果。

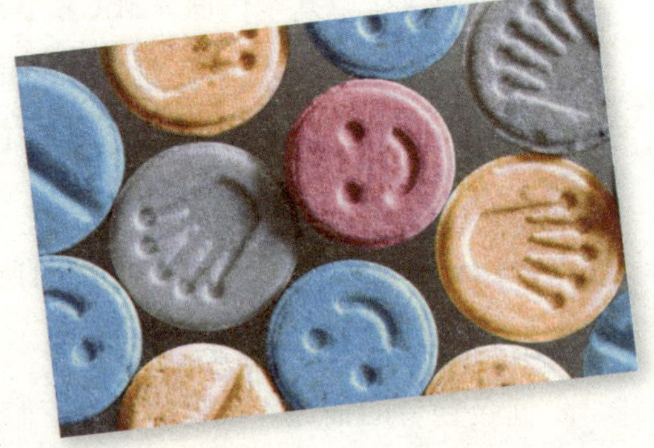

根据药片、药丸不同的颜色和上面的图案、字母以及效果，摇头丸被

称为“鸽子”“小鸟”“恐龙”“M药片”“快乐丸”“忘我”“白天使”“蓝精灵”等，长期滥用摇头丸机体极易产生依赖。初服用时有口干、精神紧张等感觉，极易成瘾，并感到心情愉悦，思维敏捷，精力旺盛。成瘾者戒断时可出现血压下降，心律失常，情绪激动，抽搐、谵妄等症状，而难以忍受，导致戒断困难。长期危害包括导致大脑受损，记忆力、认知力明显下降，严重者可致精神病，甚至死亡。

关于摇头丸的毒性，可参考冰毒的介绍。

摇头丸常见于D厅、酒吧等夜场，所以希望读者们要慎重，在娱乐场所，特别是D厅、酒吧等夜场，尽量不要单身一人，就算有同伴也不要随意接别人的饮料、烟酒。当然，最好的避免方法是少去，或者干脆不去。

（十四）麻　古

麻古是泰语的音译，其主要成分是冰毒，是一种加工后的冰毒片剂，外观与摇头丸相似，属苯丙胺类兴奋剂，一般含有甲基安非他明、咖啡因、香料、色素等。具有很强的成瘾性，是冰毒之外，吸毒人员又一普遍吸食的合成毒品。

麻古的吸食、成瘾、危害与冰毒基本一致，可参考冰毒的介绍。

“浴盐”是一种中枢神经系统的兴奋剂，在国内又称为丧尸剂、喵喵、象牙、光环、香草的天空。“浴盐”并不是指某种特定的毒品，而是一批具有相似化学性质的物质的统称，其所含物质为甲卡西酮、亚甲基双氧吡咯戊酮（MDPV）等。

（十五）K　粉

K粉的主体成分是氯胺酮。氯胺酮（Ketamine），别名凯他敏、开他敏，因为其物理形状通常呈白色粉末，而英文名称的第一个字母是K，故得名"K"粉。由于具有令人麻醉迷幻作用，K粉常常被一些游荡于夜场的犯罪分子用来祸害涉世未深的女孩，满足其发泄兽欲的目的，因此除了一些俗称如"K仔""K他命""恺他命"以外，又有迷奸粉、强奸粉的叫法。

K粉基本都是用鼻吸方式，通过鼻腔内部黏膜吸收。由于黏膜中布满毛细血管，脂溶性大的药物可以快速通过黏膜内的毛细血管进入大脑发挥作用。另外前文所说的犯罪分子将K粉溶于酒水饮料，诱骗女生服用（此方法多为不法分子骗取年轻女性服用后实施性侵犯），并不是一种常见的服用方式。骇人听闻的是，有些女生因为被犯罪分子诱骗喝下含有K粉的酒水饮料，不仅遭遇性侵，甚至因为过量而中毒，年轻的生命戛然而止。

第三节 毒品的危害

毒品的梦魇困扰着全球，至今仍给各国人民和政府带来深重的灾难。联合国毒品与犯罪问题办公室发表的《2017年世界毒品问题报告》显示，2015年，世界上约有2.5亿人使用毒品，其中，全球成年人口的0.6%——约2950万人在使用毒品时产生问题，深受毒品使用障碍之苦，包括成瘾导致对毒品的依赖。《2016年中国毒品形势报告》指出，截至2016年年底，全国现有吸毒人员250.5万名（不含戒断三年未发现复吸人数、死亡人数和离境人数），同比增长6.8%。其中，滥用合成毒品人员151.5万名，占60.5%；滥用阿片类毒品人员95.5万名，占38.1%；滥用大麻、可卡因等毒品人员3.5万名，占1.4%。毒品的危害性可以概括为“毁灭自己，祸及家庭，危害社会”12个字，毒品带来的负面影响可以涉及政治、经济、文化、社会、道德等多方面，继而衍生出各种各样的社会问题。

一、毒品对个人的危害

毒品对个人的危害具体表现为生理危害和心理危害。长期吸毒者精神萎靡，健康状况极差。甚至有人这样形容吸毒者：“吸进去的是白色粉末，吐出来的却是自己的生命。”

（一）生理危害

毒品最直接的副作用就是对人的生理健康带来巨大的危害。毒品对生理健康的危害是多方面的，包括吸食者的神经系统、心血管系统、呼吸系统、消化系统、免疫系统等，此外还会对胎儿造成致命的危害。

1. 吸毒会对大脑产生危害

由于毒品危害大脑外周神经系统，使其兴奋不能自已，长期依赖的话就会造成习惯性耐药性，久而久之，越来越严重，长期使用毒品会使大脑的机能发生改变。最主要的改变就是它减少了运载多巴胺的快乐接收器的数量。快乐接收器就像棒球比赛中的手套一样，会接住四处游走的多巴胺。让它与神经细胞结合。动物实验证实。摄入毒品量越大，越多的快乐接收器就会被清除。接收器越来越少，意味着越来越少的多巴胺同神经细胞结合。久而久之，“快乐机制”就会越来越平淡。于是为了达到甚至超过原来的刺激程度，吸毒者必须不断地增加毒品吸食剂量，让大脑中的神经游走细胞释放出更多的多巴胺来弥补。

冰毒等新型合成毒品对大脑的危害更大。合成毒品能直接作用于大脑中枢神经细胞，导致脑细胞长时间高度兴奋，持续释放多巴胺等兴奋物质，使得吸食者的大脑长期处于高度兴奋状态。久而久之，脑细胞逐渐坏死，直接导致的就是吸食者的认知思维等功能的退化，其行为能力等越来越趋向于弱智化，例如，说话越来越幼稚，动作越来越简单机械化，逻辑思维混乱，甚至患上精神疾病等。有一个直观的例子，上海缉毒刑警在北京参加公安部培训时，曾看到过吸食冰毒者死亡后的大脑解剖。专家介绍，每吸食一次冰毒，高度兴奋下，人的大脑皮层上会形成一处水泡，水泡破裂后，就留下一处凹陷，许多长期吸食冰毒者，大脑上可谓千疮百孔。一旦达到承受极点，就会恶化为精神疾病。

长期吸食 K 粉者会有口齿不清（口吃），说话含糊（说话比较散）等毛病，这是由于长期滥用 K 粉，导致的语义性记忆损失以及中枢神经系统遭破坏所表现出的构音困难，即因为吸毒所致的神经病变，与言语相关的肌肉麻痹、收缩力减弱或运动不协调等所致的言语障碍。也就是说滥用 K 粉者可能在日常生活的讲话时，出现呼吸、共鸣、发音和韵律等方面的变化，感觉就是“话都说不清楚”“舌头打结”“措辞含糊不清”等。其他中枢神经系统不良反应主要表现为梦幻觉、谵语、躁动、惊厥、错觉、尖叫、过度兴奋、烦躁不安、定向障碍、认知障碍、易激惹等症状。除前面的口齿不清外，错觉明显、感知觉分离，还会出现眩晕惊厥甚至癫痫发作，近似精神分裂症的表现。剂量越大，反应越明显。

极其重要的是，大脑细胞与人体其他细胞不同，一旦损伤后，是不可被复原的。换句话来说，一旦这种损伤形成，患者的认知、语言、运动、情绪乃至思维等功能都将永久地受到限制，患者也将永远地失去对自己的各种不自然行为——包括对毒品的渴望和重新寻觅——的控制。例如，长期吸食冰毒等合成毒品的人，基本上整个人都会长期处于一种兴奋状态，总是抑制不住地爱幻想，人格也处于一种畸形状态，没有道德法律意识，甚至控制不住就做出暴力行为等。

江苏南通，3 岁的小女孩晶晶（化名）看见母亲准备外出，蹦蹦跳跳地坐上妈妈的电动自行车，她没注意母亲脸上透着阴森恐怖的神情。一小时之后，这位狠毒的母亲残忍地用绳子将亲生女儿吊死在一间荒废老房子旁边的鸡棚横梁上。随后，她若无其事地骑车独自回到了家中。

晶晶至死也想不明白，为什么妈妈这么不喜欢自己，给予生命却又亲手夺去。她不知道，在母亲看来，她的出生就是一个错误，爸爸在她一岁的时候因犯贩卖毒品罪锒铛入狱，亲戚们也不与她们来往，而母亲将一切归罪于女儿，是女儿给家庭带来噩运，她是恶魔、是天煞。这天下午三点，这位母亲与晶晶外婆因一些生活琐事引起激烈争执，心情激愤，联想此前种种事端，她将凶狠恶毒的目光投向女儿。在满脑子的消灭恶魔的念头下，她伸出了毒手，做出人神共愤、丧尽天良之事。

后经司法鉴定，张莉罹患甲基安非他明所致的精神障碍，系其故意放纵自己长期吸食毒品所致。

2. 吸毒会对呼吸系统造成危害

吸毒对呼吸系统产生危害主要有三种途径：一是通过鼻吸摄入毒品时，毒品对呼吸道直接产生刺激作用而导致损害；二是毒品进入体内后对呼吸道产生的特异性毒害作用；三是毒品可以通过对消化系统和免疫系统的损害从而间接对呼吸系统产生损害。此外，吸毒患者平时会抽大量的香烟，也会对呼吸系统产生刺激。

● 吸毒导致的鼻腔疾病

这种疾病多发在鼻吸方式使用毒品的吸毒者中。毒品直接吸入鼻腔，会刺激鼻黏膜，造成鼻黏膜发炎充血或者萎缩。如果炎症特别严重，还容易导致鼻中隔穿孔。穿孔多为圆形，大小不一。此外吸毒者还容易患上鼻炎和鼻窦炎。

● 吸毒导致的咽喉疾病

这种疾病常见于使用烫吸或者抽吸方式吸食毒品的吸毒者中。由于毒品烟雾对咽喉部位的直接刺激，所以咽炎是吸毒者中常见的呼吸系统疾病。主要症状表现为：咽喉部位充血、肿胀、咽部发红、分泌物增多，有的患者悬雍垂体发生肿大。

吸毒导致的肺部疾病

1 吸毒者大多数营养不良，体质较弱，免疫能力低下，所以很容易感染呼吸道系统疾病，病情严重还可能引起呼吸衰竭而致死。

2 采用烟吸方式滥用毒品的吸毒者，很容易出现支气管炎、咽炎等并发症，主要症状为多痰、咳嗽、呼吸困难。例如，以吸烟方式滥用可卡因对肺脏的影响。由于可卡因具有局部麻醉作用，吸毒者可能患上某些肺部疾病如肺炎、肺出血。长期抽吸可卡因会使肺脏疤痕累累、功能减退。

3 毒品中一般都被掺入淀粉、石灰等其他物质，这些物质不能溶于水，注射进入人体后，会在肺部毛细管沉积，导致肺栓塞。一些吸毒者会使用棉球或者香烟的过滤嘴来过滤这些杂质，可是这些过滤物的纤维会进入到毒品溶液中，然后进入血液循环到达肺部，同样会导致肺栓塞。肺栓塞可以导致肺部感染，如葡萄球菌肺炎，不过肺部感染更多的是由败血症或者右心内膜炎引起的。肺部感染常见的疾病还有非葡萄球菌性肺炎、肺结核等。肺结核在吸毒人群中高发并不是吸毒本身造成的，而是由于营养不良、经济条件受限等原因造成的。

4 特异性肺部疾病。特异性肺部疾病是指有特定种类的毒品导致的肺部疾病。例如，海洛因吸食过量可以导致海洛因性肺水肿，这种疾病发病比较快，如果得不到及时救治，患者很容易出现生命危险。一些患者还会出现房颤表现，从胸片中，可以发现双肺在肺泡周围有大小不同的浸润阴影。可卡因则会导致剧烈的胸部疼痛和呼吸困难。可卡因对呼吸系统的损害还表现在会引起肺炎、肺水肿、肺间隔积气、气胸、气心包和肺部出血等症状。最严重的还会引起“休克肺”，它的主要症状表现为：剧烈的胸部疼痛、呼吸困难、高热和缺氧，但在胸片上却找不到任何肺炎的征象。

5 肺癌。我们知道长年累月地吸普通香烟会导致肺癌。研究发现，长时间吸食大麻、古柯碱同样可以导致肺癌。

3. 吸毒会对心血管系统产生危害

毒品，包括香烟和酒精，都会对心血管造成一定的毒害，这种毒害，既有毒品本身具有的毒性使然，也可能由吸食方式造成，还可以归因于毒品对身体其他功能的损害会间接造成对心血管系统的损害。

吸毒特别是静脉注射，毒品中的杂质及不洁注射器，常会引起多种心血管系统疾病，如感染性心内膜炎、心律失常、血栓性静脉炎、血管栓塞、坏死性血管炎等。例如，细菌性心内膜炎是注射使用海洛因者最常见的全身化脓性并发症之一，如不及时治疗，可引起死亡。此外，静脉扎毒引起的感染也可对循环系统发生不良影响，吸毒经常引起各种心律失常和缺血性改变。

吸食冰毒等兴奋剂类毒品的人猝死的概率非常高，因为兴奋剂类毒品（尤其是注射的冰毒）刺激周围神经系统的儿茶酚胺递质释放，对心血管产生兴奋性作用。大量的儿茶酚胺递质可以导致心肌细胞肥大、萎缩、变性、收缩带坏死、小血管内皮细胞损伤和小血管痉挛，从而导致急性心肌缺血、心肌病和心律失常，成为吸毒者突然死亡的原因。而且，很多人哪怕只吸食1～2次都会出现心脏难受、眩晕等症状，因为吸食少量的冰毒就可以导致神经递质一次性“冲动”释放，导致急性严重的血管收缩、痉挛，心肌急性缺血，严重心律失常甚至突然死亡。此外，大量饮酒或酗酒，增加冰毒对心脏毒性，即使服用小剂量的冰毒对使用者的心脏瓣膜也会造成严重损害，甚至导致吸毒者突然死亡。

此外，有研究指出，毒品能削弱细胞免疫功能，损伤红细胞、血小板等，进而导致动脉粥样硬化的发生；毒品能够改变心肌细胞内的离子水平，抑制心脏功能；毒品对神经系统、内分泌系统产生影响，进而对心脏功能产生影

响；吸食毒品能够使吸毒患者的饮食作息规律被破坏，对心血管也有一定影响。

4. 吸毒会对消化系统造成危害

基本上吸毒患者都患有不同程度的营养不良，我们看到大多数吸毒患者都是骨瘦如柴、面色蜡黄的样子，萎靡至极。而让吸毒者消瘦的最基本原因，就是毒品破坏了人体的消化系统。

绝大多数毒品均有抑制食欲作用。毒品能够抑制胃酸、胆汁和胰液分泌，同时导致胃肠道蠕动减弱和食物停留时间延长。此外，还能对中枢抑制使便意减弱，导致便秘，从而影响食欲。这就给部分人造成了一种吸毒能够减肥的假象，然而，与其说是减肥，不如说是在透支自己的生命。事实上，毒品的抑制食欲作用不仅可引起身体消瘦，还可引起某些人体必需的维生素和矿物质缺乏，从而引起一系列营养不良综合征。

肝炎在吸毒者中广泛流行，甚至国外有人提出："只要是确定的吸毒者，就一定有肝炎。"有研究证实对 69 名吸毒者在封闭条件下进行半年的观察，发现有 52 人至少有一项或更多的肝功能化验结果异常。一般认为，乙型肝炎是由于共用被污染的注射器所传染。海洛因易引起慢性肝功能损害，可能与海洛因对肝脏的直接毒性作用有关。

另外，由于非法和暴利性，毒品纯度不会很高，往往掺杂物众多，且具有腐蚀作用，从而使得吸食者产生口腔黏膜和牙齿损害，从而对进食产生间接影响。

5. 吸毒会对免疫系统造成危害

研究表明，各类毒品都不同程度地削弱机体的免疫功能，使各种器官脏器的机会性感染发生率增加。应用抗生素也很难治愈，形成多年不愈的慢性感染。其毒性作用表现为，长期使用后对整个免疫系统包括非特异性和特异性（包括体液免疫和细胞免疫）功能全面抑制。

因为毒品种类的不同，其对机体免疫功能的影响也不尽相同，但都证实毒品对免疫系统有直接的毒性作用。除此之外，近年的研究还提示：一些毒品如阿片类，可以通过神经—内分泌—免疫调节网络影响免疫功能。例如，吗啡能作用于中枢神经系统，通过中枢的阿片受体介导发挥免疫抑制作用。机体免疫功能降低后的直接影响是对外界病原入侵的抵抗力降低，再加上吸毒者本人大多不注意个人卫生，身体的营养状况等条件也很差，一旦有细菌或病毒侵入机体，很容易形成感染灶，继而造成全身范围的广泛扩散，最终导致吸毒者的死亡。

尤其严重的是采用静脉注射方式吸毒的人，经常使用或与其他人共用不洁的注射器，很容易将外界的病原，尤其是肝炎病毒甚至 AIDS 病毒 HIV 带入体内，轻者造成注射部位的感染，重者引发肝炎和艾滋病。调查显示，在吸毒者中广泛流传着肝炎和艾滋病，并且传播很快。几乎只要是吸毒者，就必定有肝炎。罹患艾滋病的病人中，有相当部分（65%）是通过静脉注射毒品的吸毒者，再加上吸毒者中普遍存在的卖淫、嫖娼、同性恋等性淫乱行为，无疑为肝炎和艾滋病的传播和蔓延提供了很好的条件。

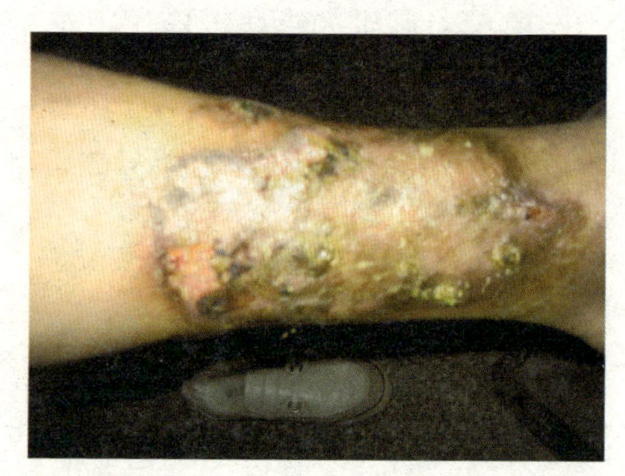

另外，由于毒品的生产大多出自地下实验室和一些简陋的手工作坊，在制作的过程中不可避免地掺杂大量有害物质的感染源，加之在毒品的买卖过程中一些人为了牟取更高的利润

也会掺入一些杂质，使得吸毒者极易并发各种感染，如肺炎、肺脓肿、细菌性心内膜炎、菌血症、蜂窝组织炎、注射部位脓肿、动脉炎等各种各样的炎症和感染。

6. 吸毒会对胎儿造成危害

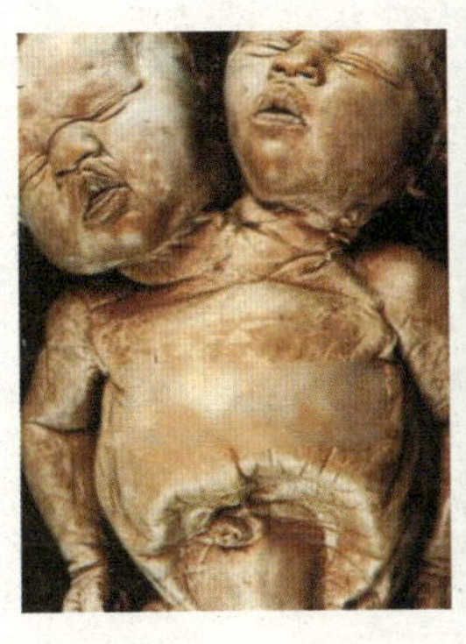

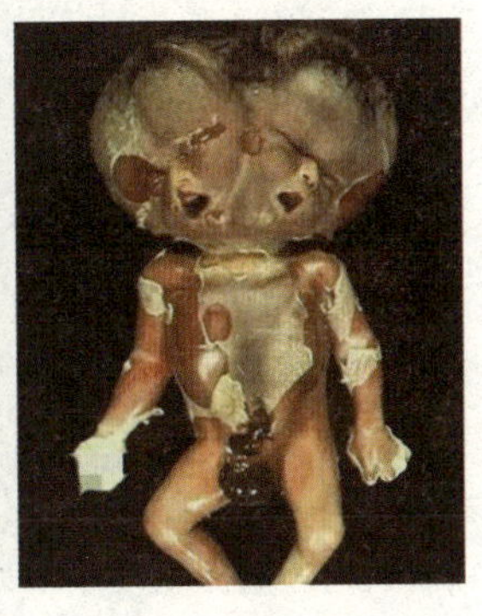

毒品对胎儿的影响主要有以下几个方面。

一是毒品严重破坏吸毒女性的身体内环境，胎儿在这种环境中不仅会出现胚胎期生长发育障碍，其不利影响还会在其出生后长期甚至终生存在。

二是吸毒女性不能摄入足够的营养来保障母亲健康和婴儿正常生长所必需的蛋白质、维生素和微量元素，造成胎儿生长迟缓或发育异常。

三是很多吸毒女性月经不规律，在怀孕以前就常常有月经间隔时间过长的现象，她们不能及时发现自己已经怀孕，仍继续吸毒并大量吸烟、饮酒等。造成对胎儿的不利影响，甚至会危机胎儿的生命。

四是妊娠期女性吸毒，毒品可通过脐带进入胎儿体内，胎儿在母体内就开始吸毒会形成药物依赖并受到毒品诸多危害的影响。母亲吸毒过量时，胎儿即可发生药物中毒，母亲吸毒量突然减少时，胎儿又会出现戒断症状，这无疑会影响胎儿的生长发育。有些毒品还会直接减少子宫血液供应，破坏胎盘，引起胎儿血供减少，并使胎盘提早脱离子宫，引起早产。

五是吸毒的女性常常患有多种传染性疾病，胎儿极易在子宫内就受到感染。

（二）心理危害

毒品对个人的另一个副作用就是心理危害，这个危害虽然并不一定能被人们直观地感知，但绝不亚于毒品带来的生理危害，或者说，某种物质之所以是毒品，心理危害是决定因素之一。

首先，毒品能使人产生心理依赖。毒品的心理依赖十分顽固、长久，对吸毒者留下的心理烙印极难消除。毒品的心理毒性源于药物的精神依赖性，即一般所说的“嗜好”或者“成瘾”。所谓“精神依赖性”，是指毒品进入肌体后，作用于大脑的精神系统（犒赏系统），使人产生一种特殊的精神效应，并使使用者出现渴求用药的强烈欲望，驱使其不顾一切地寻求和使用该药（医学上称为“寻觅和摄药行为”）。大量戒毒资料表明，生理上的“戒断症状”虽然痛苦，但在短期内可以克服并戒断，而心理依赖却非常强烈和持久，很难彻底戒断。因此，毒品的心理危害可以认为是毒品的根本特征，而且，也正是因为对人的精神的摧残，毒品可以轻易摧毁一个家庭，轻松败坏整个社会风气和道德文化，甚至破坏政治经济的正常运行，进而动摇国家安全，毒品犯罪至今仍肆虐全球，毒品问题依旧困扰着人类，阻碍着人类文明的进步。

其次，吸毒会使成瘾者的人格发生变化，注意力、记忆力、耐受力等遭到明显破坏。例如，海洛因成瘾者在行为上经常表现为紧张、多疑、抱怨、逃避等。为了获取毒资，他们不惜欺骗至亲，不择手段只为弄到毒品。强烈的吸毒渴求，导致他们为了吸毒不惜牺牲一切。并且，成瘾者的情绪活动会随体内的海洛因浓度的波动而波动，与周围的环境和气氛极不协调，对身边的亲人极其冷漠，自身懒散疲沓，对生活失去欲望。一旦停止吸毒，就会出现焦虑不安、暴躁、易发脾气等情绪障碍，只有通过持续吸毒才能缓解这些症状。有些则表现出自卑、自暴自弃的情绪，甚至出现自杀、轻生、反社会等心理。

总之，对毒品的依赖会使吸毒者丧失效率、兴趣、责任感、羞耻感等，产生情绪不稳定、疑心重、敌对感增强、偏执、惊恐等现象。他们逐渐丧失道德，甚至因吸毒丧失人性，极易做出一些极端行为，如盗窃抢劫、贩毒卖淫、自残自杀、行凶杀人等。

毒品的危害不仅在于它的毒性，更在于它能诱发人性之恶。

二、毒品对家庭的危害

凡亲属中有吸毒者的人都有这样的体会：家庭中一旦出现了吸毒者，这个家便不称其为家了。吸毒者在自我毁灭的同时，也破坏着自己的家庭，使家庭陷入经济破产、亲属离散，甚至家破人亡的严重境地。吸毒者自身丧失了劳动能力，也严重破坏着生产力。

第一，吸毒导致了吸毒者自身发生疾病，从而最终完全丧失了劳动力，这必然给家庭造成严重的经济负担。

第二，吸毒往往导致家庭暴力与犯罪，这又必然破坏家庭的和睦，甚至导致家庭的破裂。

第三，一些吸毒人员会把毒瘾“传染”给家庭成员。大量案例说明，很多吸毒者都是从丈夫、兄弟及其他亲属那里获得毒品，从而沾染恶习的，有的甚至出现了全家吸毒的现象。这种现象，必然导致家庭的彻底毁灭。

第四，父母吸毒，会严重影响下一代的生理与心理健康。无论是家庭经济状况的恶化还是家庭的破裂，都必然给儿女造成伤害。

家破人亡

每天早晨，王妈妈都早早地起来上香，嘴里不住地念叨，泪水也禁不住扑扑落下：“天啊，为什么还留下我这么一个孤老婆子呢！”

原来，她儿子和儿媳不知从哪儿染上了毒瘾，后又为毒品双双亡命归西。王妈妈的儿子阿强和儿媳阿珍，刚结婚时恩恩爱爱，他们勤快又能干，办起了快餐店，生意做得红红火火，不久就盖了座小洋楼。有了钱以后，儿子、儿媳样样赶时髦。两年前的一天，他们听说“白粉”是超前消费，是一般人买不起的“享受”，也想“时髦”一下，结果一试就染上了毒瘾。不久就把身子给搞坏了，生意也懒得去做。不仅快餐店关了门，一年光景下来，家里值钱的东西都给变卖光了。有一天阿珍毒瘾发作，叫阿强去外面想办法买点毒品回来解瘾。身无分文的阿强到街上到处借钱，可谁肯借钱给他吸毒呢？阿珍见阿强空手回来，就对他骂骂咧咧。此时阿强毒瘾也上来了，打了阿珍

几巴掌，阿珍气急之下拿过一把菜刀，三下两下，把阿强砍死了，阿珍也一刀割断了自己的喉咙。王妈妈满腔悲愤地告诫人们："是毒品害了我一家，毒品千万不能碰啊！"

三、毒品对社会的危害

1 毒品危害社会安定，极易诱发违法犯罪问题。一般的毒药只是伤害用药者个人的健康或生命安全，而毒品不仅损害使用者的身体和精神，还直接引发社会性的种植毒品、制造毒品、贩运毒品、销售毒品、走私毒品、持有毒品以及引诱、教唆、欺骗、强迫他人吸食、注射毒品，甚至贩毒集团和涉毒黑社会性质组织制造的暴力、凶杀、贿赂和洗钱等一系列犯罪活动，导致最具威胁的社会公害。同时，吸毒者需要源源不断的资金购买毒品，满足毒瘾。当他们没有钱或没有足够的钱买到毒品以解他们正在发作的毒瘾时，便会不择手段获得钱财，一般以盗窃、抢劫、卖淫为主，并且暴力犯罪乃至杀人同样不少见。更让人恐惧的是，类似冰毒、摇头丸、麻古等具有兴奋作用的毒品能够使人精神处于失控状态，极易引发如杀人、强奸等暴力犯罪，给人们的生命财产安全造成极大的威胁。

在一些 KTV、浴场、夜总会以及酒店、宾馆等场所，"溜冰"正成为一小撮追求刺激、"时尚"者的娱乐活动。在他们眼里，冰毒并不算毒，只是能提神让人舒服放松罢了。直到有了依赖之时，一切都为时已晚。

小芬就是有着一年冰龄的"冰妹"，年仅 23 岁的她由于经常吸食冰毒，且长时间熬夜，身上的皮肤已不能细看。

小芬来自陕南，父亲生病，哥哥又在念书，故而早早就来到西安打工。最初她在一个老乡的餐馆当服务员，后来餐馆关门，便又去了一家浴场打工。由于经常要上班到深夜，且工资不高，她曾感到生活无望。时间久了，看着有的女孩仅靠陪陪男客就能赚得荷包满满，心中不免愤愤。

终于有一天，一个经理把她叫去，"开导"她，说"脸蛋漂亮，身材又长这么好，为什么不利用一下呢？"于是在随后的几个老板包间聚会中，她被经理领了进去。

那是她第一次见到冰毒，屋里男的五个、女的三四个。看着一个女的熟练地把冰壶准备好，她感到好奇，也怕受到伤害，但看到大家无非是说说笑笑，眼睛都盯着锡纸上的白色粉末，她也就放心了。在每个人都依次吸过后，她也吸了一口，吸后有点恶心。后来她听说溜冰很过瘾，不仅能舒服还能让人放松，便又参加了一次"溜冰"聚会，有了第一次，便又有了第二次、第三次，从此便一发不可收拾。

"陪一次挣一两千，累是累啊，不过也爽啊……"小芬说，现在她和一起住的小苏还有小琦都在溜冰，但她的量大一些。

"冰妹"的未来之困

"冰妹"的年龄主要在16岁至25岁，以娱乐场所的从业者居多。随着警方打击力度的加大，很多"溜冰"活动都开始转移到宾馆、酒店或者家中。他们把这叫"开音乐会"，因为要有人用打火机来回燃着锡纸上的冰粉，形如拉大提琴。

"溜冰"有加重情绪的作用，比如吸前比较高兴的，吸之后简直不能更好了，而比较坏的心情，吸了后会更糟。有过"溜冰"史的小王称，"溜冰"后人的思维也会进入一个逻辑里出不来，人会变得偏执。

事实上，一旦做了“冰妹”，会随着中毒日深，彻底将做人底线放开。很多人认为冰毒不像大烟、海洛因一样有瘾，其实是非常错误的，吸食冰毒不仅上瘾而且依赖性非常强，而吸后会出现精神障碍，如出现幻觉、狂躁、抑郁等。而对身体的危害很大，不仅会脱发、早衰，造成心血管疾病，还易诱发心脏猝死，出现精神性疾病等。

2 毒品阻碍社会经济发展态势，无情吞噬社会巨额财富，破坏社会生产力的发展，降低社会劳动生产力。一旦吸毒成瘾，吸毒者基本上不再具备劳动能力，也就谈不上劳动生产，更遑论产生经济价值。特别是吸毒的青少年，他们在身体上、精神上都受到创伤，基本上不会再健康成长，更不要说能对社会作出贡献，社会和国家在这方面遭到的损失也是难以估量的。而同时，政府却必须投入大量的资金和力量开展缉毒、戒毒和药物滥用防治工作，并且承担吸毒者的医疗费用，耗费大量的政府资源和医疗资源，使得社会的负担越来越沉重。

3 吸毒败坏社会风气。毒品不但是一种恶性消费，阻碍经济正常发展，还会造成社会风气萎靡。因为，伴随着毒品产生的毒品文化，直接左右人的精神追求和价值取向，而吸毒对社会道德风尚的败坏，往往容易被人们所忽视。同时，涉毒行为会一次又一次地挑战伦理道德和法律的底线，进而导致舆论氛围日趋消极。例如，清朝末年，鸦片的大量输入，导致了国贫民弱，吸食鸦片的人为了有钱继续吸食鸦片，甚至不惜卖掉自己的妻儿，民生凋敝，社会风气愈发压抑，久而久之，人们的精神面貌越来越像死灰一样，中华民族也被称为“东亚病夫”，饱受列强的欺凌，清王朝被迫签订了不少丧权辱国的不平等条约，忍辱赔款、割地殖民，给国家、民族和民众带来了无尽的灾难和耻辱。

4 毒品会污染政治，破坏政治生态，使得政府难作为。禁毒是一项事关国家安全利益和民族生死存亡的重大政治任务，甚至可以说是国家战略，有时毒品还会涉及国际关系问题、民族宗教问题、种族人权问题和反恐问题等。随着毒品走私和贸易的日益扩大，一些国际贩毒集团要么出于保证毒品制作和运输的顺利，大肆购买军火和培养武装力量，割据一方，对抗政府执法；要么干脆利用贩毒收益收买政府官员和司法人员，试图寻找政治上和法律上的保护，结果就使政府的腐败问题日益严重，毒品犯罪日益猖獗，政局也愈发动荡不安。

几年前，美国禁毒署对其最顶级的 50 个探员和线人进行了一次内部调查，让他们列出操纵毒品生意最重要的因素，他们的回答是一边倒的：腐败。墨西哥警察的平均月薪只有 375 美元，因此很容易被收买。从市长、检察官到州长，从州警察、联邦警察到陆海军高官，毒品集团的贿赂之手无远弗届。

贿赂的不只有官员，还有市民。有些看似纯良的老百姓实则是毒贩的望风者。他们只需要打个电话通风报信就可以收到 100 美元每月的报酬。收买的也不仅仅是墨西哥人。在美国边境，只需要付几千美元给警卫就能驾着车顺利通过检查点。

自 2004 年起的贪污调查中，累计有 138 件涉及美国海关和边境保护的起诉或者定罪的案件。墨西哥公共安全部长赫纳罗·加西亚·卢纳在 2010 年的一次演讲中就曾推测，各个毒品集团每年仅是收买普通城市警察的花费加起来就超过了 10 亿美元。

这个利润丰厚的行业缺乏具有法律强制力的合约的约束，暴力必然成为新的契约载体，用美国联邦调查局官员戴维·克斯伯森的话说就是“暴力跟着毒品走”。

英国国际战略研究所（IISS）周二（5 月 9 日）发布的本年度武装冲突

调查报告显示，墨西哥因毒品战争在2016年共导致2.3万人死亡。这个恐怖的数字令墨西哥超越伊拉克和阿富汗，在世界上最危险的国家排名中位列次席，仅次于因内战导致5万人死亡的叙利亚。在墨西哥奇瓦瓦州，青壮年男性的死亡率比美国军队在伊拉克的死亡率高出约3.1倍。2009年12月31日，墨西哥最有影响力的报纸头版头条竟然是："昨天无人被杀。"

与毒品的战争是如此漫长，每届政府好像都有解决方法，但这些方法在墨西哥却从来也没有奏效过。人们甚至能影影绰绰听到呼吁毒品合法化的声音。

强调毒品的社会危害性，旨在说明毒品问题是一个社会性的问题、全球性的问题，关系到整个人类社会发展和福祉的问题，必须采取综合治理和加强国际合作的方法来解决，仅仅将它视为医学问题或者犯罪问题来解决是很难奏效的。

第二章 远离毒品

大学生，吸毒，贩毒，三者似乎没有任何关系，可最近几年关于大学生吸贩毒的案件逐渐攀升，而且有愈演愈烈的趋势。本应纯洁的校园，却遭到毒品的侵袭，背后的原因值得我们深思。

第一节 毒品陷阱及高危场所

（一）吸毒的陷阱

可能大家会有一种错觉，认为吸毒的人都是那些一天到晚出入各种歌厅、舞厅、KTV 等娱乐场所的人，只要不去那些地方就一定能避免毒品的危害。殊不知，毒品的魔爪可能一直在你身边。如若交友不慎，交到一些所谓“讲义气”“潮流”的“哥们”，很有可能有一天，这些“哥们”就会拿出早已准备好的毒品，诱惑吸食，一边诱惑一边说“大家都是吸着玩的，没事”等等，好说歹说让你吸上第一口，结果再也没能逃出毒品的控制。

还有一种情况，就是有些女生可能涉世未深，对是非的辨认能力不够强，也不能准确地认识到哪些人可能人品有问题，应该避免与之交往，这就给了一些心怀不轨的人以可乘之机，他们假借与女孩交往，做男女朋友，一步步控制住她们，带领她们走到吸毒，甚至贩毒的路上，最后追悔莫及。

吸毒基本上是一个圈子文化，特别是新型合成毒品吸食者很少有单独吸毒行为，那些喜欢游荡夜场的人多数都有吸食 K 粉、冰毒等毒品的恶习。而如今的青少年更是由于对毒品的认知不够，出于面子、潮流、义气，以及同伴的邀请，很快便沾染上这些号称“瘾小”“无危害”的毒品，直至生理与心理出现各种异常后，悔不当初。拒绝毒品的最好方法，就是保持朋友圈的干净，屏蔽任何吸毒行为和不良人士。

据温州警方介绍，半个多月前，当地蒲州派出所根据线索，抓获了一名吸毒人员，经审讯深挖，发现他的毒品是通过一名20岁的女大学生联系购买的。

民警通过侦查，很快锁定了张某。张某为温州人，在杭州读大学，当时正在温州实习。警方随即对她展开调查，确认张某和她的男友都有吸贩毒嫌疑。3月2日，警方在张某男友家中将张某抓获，尿检结果为甲基苯丙胺（冰毒）阳性。

经审讯，张某交代，去年暑假她因好奇跟着男友第一次吸食了毒品，当年12月再次吸毒后便上瘾。但由于自己还是学生，没钱购买毒品，而此时男友表示，他熟悉卖毒品的上家，在男友的建议下，她开始走上了贩毒路。

目前，张某的男友已被批准逮捕，张某被取保候审。警方顺藤摸瓜，从该案中抓获16名吸贩毒嫌疑人，缴获部分毒品，案件还在进一步侦查中。警方表示，虽然张某的贩毒量不大，但已经触犯了法律，将要面临被判刑的后果，这对一个大学生来说，代价非常大。

值得警惕的是，目前互联网已经成为新的“毒品集散地”，而且更加隐蔽，一些大学生对毒品的认识不足，在所谓的“道友”的糖衣炮弹诱导之下，购买毒品吸食，甚至参与贩毒的犯罪活动。这也提醒了我们，互联网上的信息良莠不齐，必须提高警惕，对网上的信息加以甄别，遇到可疑情况，应及时向有关部门举报，切勿轻信，从而走上不归路。

杨某贩卖毒品案

——通过网络贩卖毒品，并利用未成年人犯罪，依法严惩

（一）基本案情

被告人杨某，女，汉族，1994 年 7 月出生，无业。

被告人杨某系吸毒人员。2013 年 9 月至 2014 年 3 月，杨某购得甲基苯丙胺后，以其创建的百度贴吧“非主流一代”及 QQ 群“品茗阁”等为载体联系毒品买家，在网上约定交易细节后，将毒品藏在玩具兔子内通过快递寄给买家。杨某多次从在网上认识的高某（另案处理，已判刑）处购买甲基苯丙胺共计 1000 余克，从杜某、任某（均另案处理，已判刑）处购买甲基苯丙胺 110 克，通过网络将购得的毒品贩卖给北京、江苏等 20 余个省份的吸毒人员，发送快递共计 200 余件，获毒赃 60 余万元。

2015 年 4 月中下旬，被告人杨某在明知刘某某系未成年人的情况下，仍指使刘为其发送装有甲基苯丙胺的快递，并指使刘协助其对 QQ 群“品茗阁”进行管理。同年 5 月，杨某前往东南某市欲向杜某、任某购买毒品时被抓获，公安人员当场查获其购毒款 5 万元。

（二）裁判结果

本案由 ×× 省 ×× 市中级人民法院审理。

法院认为，被告人杨某伙同他人贩卖甲基苯丙胺，其行为已构成贩卖毒品罪。杨某贩卖毒品数量大，且多次向多人贩卖，犯罪情节恶劣，社会危害大，应依法惩处。杨某出资购买毒品，积极联系买家，直接交寄毒品，并指使他人参与贩卖毒品，在共同犯罪中起主要作用，系主犯，应当按照其所参与的全部犯罪处罚。杨某利用未成年人贩卖毒品，应依法从重处罚。

据此，依法对被告人杨某判处无期徒刑，剥夺政治权利终身，并处没收个人全部财产。

（三）典型意义

随着信息网络的普及，网络涉毒犯罪呈快速蔓延之势，主要表现为利用网络贩卖毒品、买卖制毒物品、传播制毒技术和组织他人吸毒等。本案就是一起利用互联网贩卖毒品的典型案例。被告人杨某借助网络联系毒品买家，涉毒网络群组人数众多；在短短数月内，其发送涉毒快递200余件，贩卖对象覆盖20余个省份的吸毒人员，反映出网络毒品犯罪影响范围广、不受地域限制、社会危害大的现实特点。同时，杨某虽有吸毒行为，但其短期内大量购入毒品，主要是为了贩卖，人民法院按照其购买的毒品数量认定其贩卖毒品数量，仅在量刑时对其吸食毒品的情节予以酌情考虑，体现了对此类犯罪的依法从严惩处。当前，互联网是广大群众尤其是青少年获取外界信息的重要渠道，利用互联网实施的毒品犯罪较传统犯罪具有更大的危害性和影响力，对于网络涉毒犯罪应保持高压态势，坚决遏制毒品通过网络渠道蔓延。

（二）高危场所

一般来说，夜总会、酒吧、歌舞厅、KTV等人员密集的娱乐场所，是青年人最喜欢光顾的地方，而目前最流行的化学合成的新型毒品，如冰毒、摇头丸，也在这些娱乐场所广泛流行。而新型毒品跟传统毒品一个最大的区别就在于，它好像是毒贩子为青少年“量身定做”的，是一种“娱乐毒品”，服用后在娱乐状态下，人很容易出现一种极度的兴奋和疯狂。

娱乐场所是一个放松的地方，而这种放松通常通过寻求某种刺激来完成。一方面，一些新型毒品的贩卖者，往往会借助于歌舞厅的热烈的刺激气氛向青年推销毒品；另一方面，青年在这种场合中，容易产生追求更强烈刺激的冲动，从而就会比较容易接受毒品。

更加可怕的是，这些娱乐场所，也是毒贩最猖獗的地方。这些人手法隐蔽，可能在饮料里掺进毒品，他们可能在第一次或者最初几次免费提供毒品，为了牟利不择手段。而一些不明就里的大学生，对于别人提供的饮料酒水等直接喝下，结果中了毒贩的圈套。

第二节 大学生吸毒的原因

毒品，可以摧毁一个人，一个家庭，甚至整个社会，因此，在人们的印象中，吸毒者的标签往往是道德败坏、意志不坚定、害人害己。然而，经过政府的大力宣传，社会各界的再三告诫，却依然阻挡不了瘾君子前赴后继地落入毒品的桎梏。那究竟是什么原因，导致了吸毒人员不顾毒品的巨大危害，走上吸毒的不归路呢？

（一）冒险心理

有些大学生缺乏必要的文化科学知识和辨别是非的能力，当听说吸毒后“其乐无穷”时便想试一试，从而一发不可收拾，被毒魔死死缠住不能自拔。有的也知道吸毒有害，但在“试试无妨”的侥幸、冒险心理驱使下误入歧途。

值得注意的是，在针对吸毒人员的调查中，好奇成了吸毒人员接触毒品的第一大原因。这种现象并不能仅仅归因于吸毒者的无知，家庭教育的缺失和社会宣传教育的滞后也是其中的重要因素。

（二）吸毒为了“找刺激、追时尚”

吸毒时髦、气派、富有、从众心理、对毒品危害以及对法律的认识不足是导致大学生吸食贩卖毒品的主要原因。大多数大学生开始吸食毒品是从朋友聚会开始的，很多人认为吸食毒品与吸烟并没有什么本质区别，认为想戒就可以戒掉，吸一点、卖一点都没关系。殊不知，毒品有强烈的成瘾性，而且按照我国刑法第三百四十七条，“走私、贩卖、运输、制造毒品，无论数量多少，都应当追究刑事责任，予以刑事处罚”。

在校大学生因为课程不多，相对自由，日子久了，精神上的空虚会驱使自己不断寻找刺激的事物。同理，一个人的生活如果处处充满悲观消极，除了走极端之路，通常也会寻找外部的刺激来缓解精神上的压抑，这时，吸毒会成为他们的一种选择。

2015 年 1 月，某艺术院校学生杨欣（化名）在接到黄某在“陌陌”上发来的求购大麻叶信息后，邀约某职业院校学生张磊（化名）共同前往江北区观音桥某 KTV 与黄某交易大麻。张磊按照杨欣的安排将黄某带至洗手间处，杨欣在此将净重 15.04 克的大麻以 1700 元价格贩卖给黄某，交易时，被民警当场抓获。

宁财神、高虎、房祖名、柯震东等一批影视明星相继因为吸食大麻被抓，在全社会引起轩然大波。作为在年轻人中间有着较大知名度和影响力的影视明星，他们的行为对年轻人的引导作用是不可忽视的。

在案件审理过程中，一些涉案大学生谈道，在他们的圈子里，认为吸食大麻很时尚，如果不吸就会被冷落，而贩卖大麻更是一件有面子的事情。

（三）交友不慎，被欺骗、引诱

作为“社会关系的总和”，每个人必然和周围的同类发生关系，进行交往，并在长期的交往中形成朋友等关系。交友在人生的道路上有着非常重要的作用。交上一个好的朋友，可以一生对自己的工作和生活产生良好的影响，交上一个坏朋友，可能会影响自己的前途，使自己的一生暗淡无光。所以即使是大学生，交友也应当非常慎重，以免因交友失误悔恨终生。从大学生吸毒的情况来看，其中的相当一部分就是因为交友不慎走上吸毒歧途的。

我是内蒙古第一强制隔离戒毒所的一名强戒学员，现在，我以亲身的经历告诫那些试图去尝试毒品寻求一时之快与刺激的人，面对白色诱惑一定要旗帜鲜明地远离与拒绝。否则，你将带着迷失的眼，一步步走向万劫不复的深渊。

我出生于鄂尔多斯市准格尔旗，父母在当地一家银行上班，都有一定的职位。我在父母的宠爱下度过了天真烂漫的童年，经历了繁花似锦的少年。在家庭的影响教育下，我顺利地考入内蒙古财经学院，并在刚一毕业就被安排到银行工作。由于所学专业对口，工作上也能勤奋努力、好学上进，我逐渐得到了领导和同事的普遍认可。两年以后便成为一家储蓄所的主任。这对当时年仅24岁的我来说，感觉一切都似乎那么容易，那么唾手可得，我的虚荣心开始慢慢膨胀。

我结交甚广，也喜欢呼朋唤友、把酒言欢，经常出入歌厅、酒吧这些娱乐场所。一次偶然的机会，我碰到了一位中学同学，我已有两三年没有与他

联系了，碰上了便一起坐坐，喝两杯。酒意朦胧之际，他故作神秘地掏出一包灰褐色的粉状物，眯着醉眼对我说："兄弟，你现在混得不错，也该享受一下了。尝尝这个，你会找到一种全新的感觉，也会忘掉所有的烦恼。"虽然我下意识地觉得这并不是什么好东西，但因强烈的好奇心驱使着，我不受控制地伸手接住了那东西……有了第一次，我便渐渐与"毒魔"交上了朋友，并且很快不能自拔，与正常人的生活渐行渐远，一步步迈向一条与我人生正轨背道而驰的不归路。

吸毒以前我生活富足、出手阔绰，吸毒后我却经常身无分文。那时，还是储蓄所主任的我经常在无意间会把目光落在所里的款包上。终于有一天，我怀揣着十二分的慌乱第一次挪用了库款，然后从开始的三百五百，到三千五千，直到三万五万……纸终究包不住火，在一次上级科室核查库款的例行检查中，我无法自圆其说，只能承认挪用库款的事实。父母知道后，气得浑身发抖，他们实在不明白：本来优秀、聪明的儿子怎么会变成这样？！

（四）盲目自信，自以为意志坚强

吸毒者或多或少带有一种逆反心理，对关于毒品危害的宣传不以为然，自认为自己意志坚强，于是尝试一口，结果就坠入万劫不复的深渊。

来自粤东某高校的24岁女孩小敏就是这样一个人，由于对毒品毫无了解，她认为自己意志力坚强不会上瘾，不料却在尝试中成了毒品的俘虏。

小敏上大学后通过某社交平台认识了男友小李，在交往一年多后，小敏发现小李是名"道友"，她省吃俭用的钱都被小李"借"去吸毒，小敏多次劝小李"改邪归正"，但不管怎么劝说，小李却始终无法戒除毒瘾。

为了用自己的"行动"来劝说男友戒毒，小敏竟然想用"先吸后戒"的办法来证明毒瘾是可以戒掉的，想要以活生生的例子说服男友彻底戒毒……

然而，小敏失败了，她非但没有帮着男友戒去毒瘾，自己也陷了进去。此时，她方悔不该当初，但"白色幽灵"已牢牢擒住了她。

（五）精神上压力太大，想"放松一下"

这是一个物质生活极度丰富的年代，同时也是一个精神压力超负荷的年代。作为现代大学生来说，很多人在毕业之前就开始为工作的事惆怅。对于大多数大学生来说，学会自我调节，可以得到很好的缓解和释放。然而有些人则在这种状态下溃不成军，他们跌跌撞撞，急切地想找一种快速解压的方法。这些人会深深陷入一种焦虑、浮躁的心态中，特别容易用极端的方式来

逃避目前的困境。放纵自己是逃避压力的最好方法，而毒品正是他们的兴奋剂，每当吸食完毒品后，便可让他们暂时忘却世间所有的烦恼、恐惧、忧愁。

从毒品的药效来说，传统毒品海洛因给人一种镇静、安定的愉悦感，新型毒品冰毒给人一种兴奋、欣快感，对于急需放纵逃避的人来说，这无疑是释放压力的“神药”。然而用毒品来解压，无异于饮鸩止渴，片刻的放纵换来的是长久的折磨，甚至让人陷入绝望的抑郁。

（六）父母教育的失责，家庭环境的冷漠

父母教育的缺失，过于宠爱或是过于冷漠，在家庭中得不到一丝亲情温暖，大学生健全人格的塑造难免会出现缺陷。他们在正常社会中难以被人接纳，加上父母以及社会大众的不认可，往往只能身处社会边缘。作为一个正常人，在不了解其背后的成长环境时，通常会选择趋利避害，远离他们。

长期得不到家人与社会大众的关注、认可，久而久之，他们只得从社会边缘去寻求认同，而毒品恰巧能“抚平”其精神上的焦虑与孤寂。尽管这类吸毒者通常表面上自大狂妄，实则自卑到底，他们只是想用这种极端的方式，唤起家人与社会的关注与认可。

准确来说，这类吸毒者只是将毒品当作精神安慰剂，通过毒品，他们能获取温暖、兴奋、快感、镇静，这一切是他们通过正常手段难以获得的情感。因此对于他们来说，毒品仅仅是一种载体，没有毒品，他们亦会在其他物品中找寻。与其说他们是在吸毒，不如说是在追求一种寄托，一旦在毒品中找到心理安慰，接下来就不仅仅是简单的生理成瘾问题了。

有吸毒者这样透露心声：“其实我并不是不知道毒品的危害，也不是喜欢吸毒，只是在父母那里得不到温暖，从小性格孤僻，进入社会又难交到朋友，唯一能跟我相处的，就是同类人。我们只能相互取暖，他们不歧视我，也不会因怪僻举止而疏远我。所以我愿意和他们一起玩。他们说吸毒好，能解决一切烦恼，所以我也就吸上了。反正我的好与不好，家人都不放在心上。”

（七）轻信毒品能“减肥”“治病”等谎言

患上疾病应该接受治疗，这是理所应当的，但有些疾病比较复杂，抑或有些“难言之隐”，结果放着正规医院不去非要去找一些所谓的“偏方”，病急乱投医，听信了别人“毒品能治病”的谎言，结果就一发不可收拾地对毒品成瘾。

有些人对自己的身材、体重等方面感到不满意，总是希望能够取得更好的减肥效果，结果放着好好的运动减肥等健康的减肥方式不要，非得寻觅那些所谓的“减肥神药”，甚至对于别人给的毒品也来者不拒，结果等到上瘾了才知道后悔。

大学生吸毒的原因，无非是三点：自身意志薄弱；家庭教育的失责；社会环境的诱惑。

“思想是行动的先导，只有在思想上充分认识，才能在根本上扭转形式。”西南政法大学教授、博士生导师潘金贵认为，减少大学生吸贩毒案的发生最根本的是从思想上引起重视。

潘金贵教授说，大学生吸贩毒案的发生，是教育危机的一种体现，首要责任在学校，很多高校漠视法制课的开设，忽视了法制教育的普及。高校应该采取更多方式，将常态化的禁毒教育落到实处，比如开展“6·26”国际禁毒日系列活动，通过案例的巡回宣讲，通过邀请刑事审判部门结合具体案例到学校进行审判、宣判等方式来让大学生认识到吸贩毒的危害性和严重后果。

同样，大学生贩毒案的增加也与高校内部的日常管理有关，贩毒分子渗透到高校内部也在一定程度上说明了学校的日常管理出现了问题。高校要加强内部管理，及时发现大学生吸贩毒的苗头和动向，从制度管理上杜绝大学生贩卖毒品的可能。

第三节 吸毒成瘾机理

众所周知，毒品最大的危害之一是它的成瘾性，传统毒品如海洛因等能使吸毒者在戒毒时承受着令人痛不欲生的戒断症状，新型毒品看起来没有如此强烈的戒断反应，可心瘾难除，以至于戒毒后哪怕只是看到曾经熟悉的场景，也能激发他们复吸的欲望。

但是，如果说毒品吸食一口就能使人上瘾，这是比较片面的认识，是对毒品的一知半解。尽管人的个体机能之间存在着巨大的差异，对毒品的适应能力也不尽相同，但只有极少数的人会在第一次吸食后就能上瘾，相反还会有强烈的不适应的症状。例如海洛因，我们从各种影视作品看到的，都是吸食后有一种飘飘欲仙的舒适感，但其实，大部分人第一次吸食的感觉是呕吐、恶心、昏昏欲睡等，甚至更强烈，直到多次吸食后才慢慢上瘾。

不同的人对毒品的敏感性不一样，个体之间存在着较大差异。有一部分吸毒者，在吸完毒品后能立刻产生欣快感，他们会逐渐强化、不断吸食；而有些曾经尝试过毒品的人没有这种欣快感，甚至有强烈的排斥反应，于是停止吸食。

毒品致瘾在生理上的表现主要在神经生理上，这种变化伴随着从被迫使用毒品到自愿吸毒，而最重要的是毒品改变了大脑的“快乐机制”，也就是我们常说的“奖励机制”。原本“快乐机制”是用来奖励人的生存和繁殖行为，如饮食、性活动等，它使我们的大脑产生舒服的感觉。这种“快乐机制”通过“化学语言”多巴胺来传递。多巴胺这种神经信息传递者在正常情况下寄居在大脑神经游走细胞中，一旦被释放会与神经系统的“快乐接收器”结合，在“快乐接收器”的运载下到达神经细胞。然后，多巴胺挨个向神经细胞传

达“快乐”的信息，让神经细胞产生从“一般快乐”到“极度快乐”的感受。

研究发现，毒品对大脑中“快乐机制”的刺激远远比人类正常活动如中奖的刺激快速、强烈得多。目前研究主要发现有两种刺激方式：一是像可卡因那样挤占携带多巴胺的细胞，由于可卡因分子同这些神经游走细胞的结合能力十分强大，能够轻易霸占本来属于多巴胺的位置，当多巴胺的位置全被可卡因占满以后，它就找不到存储的位置，于是只能被迫与其受体结合，激活人体的兴奋；二是像海洛因直接刺激多巴胺所在的神经游走细胞，让它们过量释放多巴胺，从而激活人体的兴奋。值得一提的是，香烟中的尼古丁也是采用类似的方式刺激大脑的，只不过相对柔和一些。

毒品对大脑的另一方面的改变就是它减少了与多巴胺接触的快乐接收器的数量。快乐接收器就像棒球比赛中的手套一样，会接住四处游走的多巴胺。让它与神经细胞结合。动物实验证实。摄入毒品量越大、越多的快乐接收器就会被清除。接收器越来越少，意味着越来越少的多巴胺同神经细胞结合。久而久之，“快乐机制”就会越来越平淡。于是为了达到甚至超过原来的刺激程度，吸毒者必须不断地增加毒品吸食剂量，让大脑中的神经游走细胞释放出更多的多巴胺来弥补。

随着毒品对大脑逐步造成不可逆性损害，吸食者的认知功能和人格也会相应地受到影响。有些吸食者，他们或许认识到毒品的危害并尝试戒除，但却常常无法坚持，当初戒毒的动力在外部因素的反复冲击之下变得脆弱。有些吸食者，即使戒毒了，可是内心对毒品的渴望并未得到彻底的根除，而且他们本身也与社会存在脱节，一旦他们感觉不到自己与他人之间的联系时，内心对毒品的依赖会再次控制他们，从而再次走上吸毒之路，这就是所谓的“心瘾”。

心瘾不同于躯体上生不如死的戒断反应，而是在吸毒者心中不停地循环

播放一个声音，开心吸一口、难过吸一口、分手吸一口、高兴吸一口、庆祝吸一口，凡是情绪波动都可以成为吸一口的理由。若没满足，便会是抓心挠肺般的难过，像是耳朵一直在忍受指甲刮过黑板的刺耳声音，最后出现狂躁、暴怒、焦虑、抑郁等多种精神症状，心中只有一个念头，吸一口就能解决。

心瘾的另一种表现，即前面所说的对吸毒的快感念念不忘。现在很多人误以为每次吸毒都会有很强烈的欣快感，这是一个误区。吸毒所产生的欣快感，一般只是在初期，当身体已经适合毒品的刺激之后，这种欣快愉悦感会越来越淡，为了再次享受这种快感，吸毒者会不停地增加毒品量剂或更改吸食方式，只为找寻最初的快感。然而耐受性的提高，再难感受到之前的欣快感，造成的后果则是心瘾越发严重。

吸毒成瘾不仅仅是生理上的问题，还有心理、社会环境、教育等多方面的因素。禁毒宣传教育的一个重要目的，就是希望更多的人能够认识到毒品的危害性，很多人沾染毒品就是因为对毒品的认识不充分导致的。同时，要注意远离吸毒的环境。当一个人能吸食第一口毒品，其实身边就有人在诱惑，即使第一次吸食的感觉很难受，甚至开始产生抗拒心理，如果一直有人在诱导，各种花言巧语，谁能保证不会再吸食第二口呢？结果一次又一次的吸食，导致他们最终适应了毒品，沦为了瘾君子。

第四节　拒绝毒品的方法

（一）摒弃抽烟、酗酒等不良嗜好

绝大多数吸毒者往往一开始就已经沾染上抽烟、酗酒的恶习，然后再逐渐发展到服用冰毒、海洛因等毒品以追求更大的感官刺激，最终走上了吸毒这条不归路。因此，拒绝毒品最基本的方法，就是无论什么时候都要坚决摒弃不良嗜好。除此之外，还要养成规律的生活习惯，尽可能避免经常熬夜、日夜颠倒等不规则作息。

（二）选择正确的情绪疏解方法

有的吸食者，因为一时情绪低落，没有想开，于是接触了毒品，结果被牢牢控制。人生不如意事十有八九，难免有些挫折会让我们情绪低落，这是人之常情，这时应该选择正确的疏解方法，例如听音乐、和朋友交谈、看电影、做运动等等，千万不要因为一时的悲观，就想着通过毒品来舒缓，最后反而沉迷于吸毒而无法自拔。

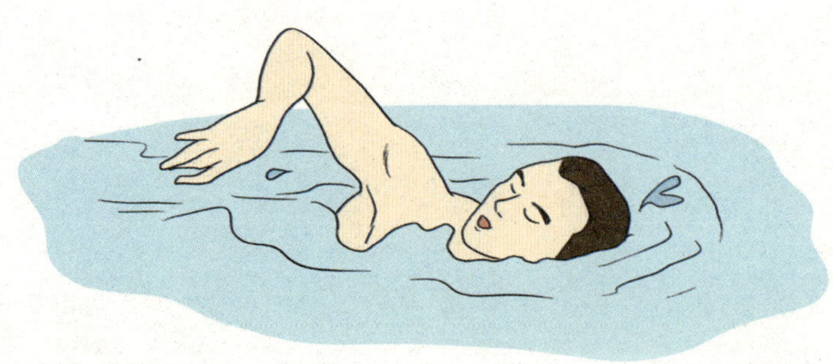

（三）不要把好奇心用于以身试毒

好奇心人皆有之，也正因为有了好奇心，人类才能创造出丰硕的现代文明成果，科学家才能达到前所未有的科技高度。因此，我们应该善于利用我们的好奇心，努力钻研学术，而不是用在以身试毒的歪门邪道上。有的人只是因为好奇吸毒后究竟是什么感觉，或者怀疑毒品究竟是不是像人们所说的致瘾性那么强，自以为意志坚强，就尝试吸毒，结果等到上瘾了，也就完了。

（四）远离娱乐场所等是非之地

娱乐场所，类似 KTV、酒吧、歌舞厅等，通常也是毒贩和吸毒者聚集的地方，进入这些地方，无异于将自己置于吸毒的环境。有些毒贩丧心病狂，用甜言蜜语引诱没有吸毒的人，给他们免费提供毒品，抑或给一些酒水饮料，甚至趁他们不注意的时候，直接就把毒品放到酒水饮料里，让人毫无察觉地

喝下去，殊不知自己已经进了毒贩的圈套。

（五）谨慎交友

正如古代名言“近朱者赤，近墨者黑”所说的那样，结交朋友也应该注意对方的道德品质方面的表现，遇到那些在道德人格方面有缺陷的人应敬而远之，尽量不要与他们交朋友。如果遇到一些正在吸毒以及诱惑自己吸毒的人，应坚决与他们划清界限，避免受到他们的影响。

（六）遇到被动吸毒的行为必须拒绝

探究当下为何吸毒，大致为好奇心作祟，加上受了怂恿，以为偶一为之无所谓。或目睹同伴嗑药，在众人同乐的氛围下，不想显得特殊或被看轻而盲从。然而，错误的认知与侥幸的心态却给自己带来麻烦。有鉴于此，要防止惹祸上身，我们需正视毒品的可怕，最好一口都不要碰。倘若遇到朋友诱惑，以下的方法可供尝试：

1. 直接拒绝：对于他人的邀请，当机立断，坚决说不，表示并无意愿。

2. 离开现场：找个借口走开，留下就算未用，也会被连累。

3. 转移话题：当别人在鼓吹时，顾左右而言他，使其觉得自讨没趣。

4. 自我解嘲：幽默以对，强调怕事，没有勇气尝试，请其打消主意。

5. 诉诸友谊：肯定朋友的好意，但盼能尊重自己，不要“相害”。

6. 陈述理由：告知不想犯法，让家人伤心，进而道德劝说，要对方回头是岸。

（七）不接受陌生人的食品饮料和香烟

有些毒贩经常设置陷阱，将毒品放进食物、饮料还有香烟里，供人吸食，引诱上钩。因此，只要在不熟悉的环境里，一定要随时保持警惕，不随意接受他人赠予的饮料等，以确保自己的安全。

（八）培养积极的生活习惯

培养积极的生活习惯，是为了让自己时刻保持一种积极向上的状态。很多吸毒的人在开始吸毒以前就已经处于生活状态紊乱的情况之中，例如彻夜泡吧等。保持着积极的生活习惯，例如，每天定时参加运动，按时作息等等，都是对自己的状态一种非常好的调整。

（九）培养一些健康的兴趣爱好

爱好，特别是良好的爱好，会使你生活之舟鼓满风帆。一位诗人曾经这样说过："为了您的身心健康，请培养至少一种爱好，而健康的身心正是快乐的唯一依托与内在体现。"健康的爱好有很多，例如，可以每天或者每周阅读一些经典书籍，充实一下自己的思想；可以听一些有一定水准的音乐，甚至唱出来，在满足对音乐的喜爱的同时也能培养对音乐的鉴赏能力；可以学

习如何品茶，感受一下中国茶文化的博大精深，等等。培养并保持健康的兴趣爱好，人的身心会处于一种健康愉悦的状态；长期保持着身心健康的状态，毒品的魔爪也会随之远离。

第五节 戒毒基础常识

戒毒，顾名思义，就是吸毒人员戒除原来吸食、注射毒品的习惯以及毒瘾的过程。对吸毒成瘾者进行戒断治疗、心理康复和行为矫正是一项十分艰巨的任务，这是人类改造自身的一项巨大的社会工程。

《禁毒法》规定了我国戒毒制度的基本内容，其按照戒毒工作的法律属性、实施主体、开展了不同的戒毒制度，包括自愿戒毒、社区戒毒、强制隔离戒毒和社区康复等。自愿戒毒是国家设立戒毒医疗机构、戒毒康复场所，由吸毒人员自愿选择的戒毒措施。国家鼓励吸毒成瘾人员自行戒除毒瘾。对自愿接受戒毒治疗的吸毒人员，公安机关对其原吸毒行为不予处罚。社区戒毒是指公安机关责令吸毒成瘾人员到其户籍所在地或居住地与当地社区戒毒工作小组签订戒毒协议，并根据协议在社区内积极参加三年有针对性的各项戒毒措施，从而实现戒除毒瘾、康复身心和回归社会的目标。社区戒毒是我国目前基本的戒毒措施，除了自愿戒毒和法律规定的其他情形，所有吸毒者都应当接受社区戒毒。强制隔离戒毒是指公安机关对吸毒成瘾严重者或者有法定其他情形的吸毒成瘾者作出行政决定，将其送到与外界相对封闭的强制隔离戒毒场所接受两年或三年的生理、心理治疗的一种戒毒措施。对戒除强制隔离戒毒的人员，强制隔离的决定机关可以责令其接受不超过三年的社区康复。社区康复主要是为了巩固已有的戒毒成果，以再社会化为导向、以康复性为主的戒毒措施。

戒毒有两个必经过程，一是解除生理依赖，即生理脱毒；二是通过药物治疗和康复支持，彻底消除吸毒者的毒瘾，解除吸毒者的心理依赖。目前，戒毒治疗以脱毒为核心。常用的脱毒治疗有自然戒断法和药物脱毒法。自然戒断法又称“冷火鸡疗法”，具体做法是直接中断吸毒者的毒品供给，使其戒断症状随时间的推移逐渐消退，同时对吸毒者给予身体安全的照管。这种方法优点是经济投入小，戒毒者会对戒毒过程产生深刻印象；缺点是成瘾严重的戒毒者会难以承受戒毒过程的痛苦，因此戒毒者常常自伤、自残。

目前主流的脱毒治疗是药物脱毒，即用能减轻或消除戒断症状的药物进行脱毒治疗。

美沙酮替代递减法。美沙酮是一种合成麻醉性镇痛药，具有吗啡的药理作用，能控制鸦片类的戒断症状，适用于各种鸦片类药物的戒毒治疗，尤其适用于海洛因依赖者，也可用于吗啡、哌替啶、二氢埃托啡等的依赖者。由于美沙酮本身也能产生依赖性，因此，凡是能不用美沙酮替代递减法的，应使用其他方法。

丁丙诺啡替代递减法。丁丙诺啡是半合成的鸦片类化合物，为鸦片受体部分激动剂，具有激动和拮抗鸦片受体的双重作用。有临床报告称，其已能成为鸦片类药品成瘾的替代药品，且完成替代后，能在较短时间内递减完毕，撤药症状轻微。丁丙诺啡具有能有效地遏制消除鸦片类药品时的戒断症状、有效时间长、依赖潜力低、不良反应少等优点。丁丙诺啡适用于治疗海洛因、可卡因成瘾的治疗。据国外研究报告称，因具有激动和拮抗鸦片受体的双重作用，其对消除海洛因成瘾停药出现的戒断症状作用明显，而且对可卡因的心里渴求有抑制作用，因此同样适用于可卡因成瘾的治疗。

可乐定脱毒法。可乐定，又称可乐宁或氯压定，目前市场上出售的盐酸苯胺咪唑啉即该药。传统上用于治疗高血压，经国内外广泛的临床验证，该药是戒除鸦片类药物成瘾的有效药物。可乐定是一种非鸦片类脱毒治疗药，具有快速、不产生欣快感、无成瘾性的特点，可通过激动 α2 肾上腺素受体，下调中枢兴奋性，从而有效控制鸦片类药物戒断综合征中的各种症状和体征。

可乐定无成瘾性，不会转化为滥用药品，但可能会出现体位性低血压。

心理治疗。经过脱毒治疗后，还要进行脱瘾治疗，而心理治疗是一种常用的手段，其根本目的就是采用心理干预的方法，使吸毒者脱离毒品。心理治疗的主要方法是认知行为治疗，由功能分析和技能训练组成。功能分析即治疗者与病人一起分析病人在滥用药物之前和之后的思想、感受和环境状况；技能训练是指认知行为治疗作为高度个体化的治疗方案，使病人脱离原来与药物滥用有关的行为习惯，学习新的技能与习惯。

迄今为止，戒毒仍然是世界性的难题，吸毒预防、戒断毒瘾、防止复吸、帮助成瘾者正常回归社会一直是全球禁吸戒毒研究的重点和难点。这其中除了戒毒研究本身还不够成熟的因素外，还有很多因素制约着戒毒的发展。首先，吸毒导致的心理症状，需要漫长时间的调整修复，在此期间需要戒毒者有超强的毅力和决心抵抗一切情绪波动以及外部诱惑。生活中难免会遇到挫折、失败、打击和压力等问题影响情绪，吸毒者的解决方案就是吸一口逃避这一切。而戒毒之后再次遇到此类情况，如何通过正常的方法来调整和解决，这是对戒毒者非常有难度的考验。其次，戒毒人员重返社会，是一个通过自我调节，激发对生活、工作的兴趣，把自己与正常社会联系起来的过程。在此期间，难免受到社会的歧视、不信任等打击，因此戒毒者容易丧失信心，不敢也不愿外出与人打交道，成天待在家里无所事事。久而久之，精神开始空虚，进而抑郁，最终不由自主地走上复吸之路。除此之外，社会的不宽容，让戒毒者与社会格格不入，他们只能相互取暖。然而戒毒者相互之间受共同问题的影响，集体缺乏积极乐观的态度，中间只要有人再次复吸，从众心理则会导致圈子全军覆没。

“一朝吸毒，十年想毒，终生戒毒”非常形象生动地说出了戒毒难度之大。可以说，戒毒工作的发展，还有相当长的一段路要走。

第三章 参与禁毒

大学生是未来国家和社会的栋梁，积极自主参与禁毒当中，既能帮助更多的人认识毒品，远离毒品，从而帮助整个社会减小毒品的压力，本身也能在禁毒宣传中获得关于禁毒的知识，受益匪浅，更培养了大学生致力于造福国家、造福社会的责任与担当。

第一节 毒品预防教育

中国自古就有“上医治未病”的观点。预防就是以“治未病”为直接目的。现在，人们越来越理性地认识到，医疗卫生服务不仅仅是用药品与设备来向疾病做斗争，如果能够唤起人们的自我保健意识并提高自我保健能力，人民健康水平则可以大大提高。预防重于治疗，这一观点对禁毒工作同样适用。长期以来，国际社会及许多国家的政府对毒品问题采取了一系列管制措施，但未能真正扭转局面。针对日趋严重的吸毒、贩毒问题，打击毒品犯罪和强制戒毒固然重要，宣传吸毒的危害，普及毒品的基本知识，唤起人们抵制吸毒的意识，从根本上预防毒品问题的发生，同样具有十分重要的意义。

一、毒品预防教育概述

（一）毒品预防教育的概念

毒品预防教育是指通过各种途径让人们了解和认识造成毒品问题的基本因素和有关知识，提示毒品对个人、对家庭、对社会的巨大危害，提高全民认知毒品、拒绝毒品的能力，从而构筑全社会防范毒品侵袭的有效体系。

（二）毒品预防教育的主体及对象

毒品预防教育的主体不仅包括各级禁毒领导机构、公安、宣传、广播电影电视、教育、卫生、民政、司法等部门，还包括乡镇基层政府、村民委员会、街道办事处、居民委员会等基层组织，还包括禁毒志愿者及广大人民群众，等等。

毒品预防教育的对象可分为一般对象与重点对象。所谓一般对象，是指不论男女老幼、干部群众、有业无业、有无前科、吸毒者或非吸毒者，等等，都是毒品预防教育的对象。全体社会成员，都应该无条件地接受毒品预防教育，都应该了解和懂得有关禁毒基本常识，树立禁毒意识，积极响应并自觉参与各种禁毒活动。所谓重点对象，是指涉毒高危人群及毒品违法犯罪分子。从对吸毒人群进行实证分析，青少年、流动人口、文化程度低者、无业人员等是涉毒的高危人群。对于重点对象，应加大教育力度和教育的针对性。

（三）毒品预防教育的内容与途径

毒品预防教育的内容一般包括以下这些：

（1）禁毒历史：包括中外禁毒简史，国内外禁毒斗争现状等。

（2）毒品知识：包括毒品的概念、分类、不同性状与特征等生理危害、心理危害、社会危害等。

（3）成瘾机理：包括吸毒成瘾的机理、吸毒者的躯体特征和心理特征、吸毒的早期发现等。

（4）毒品违法犯罪与禁毒法律、法规对毒品违法犯罪活动的处罚。

（5）戒毒知识：包括生理戒毒、心理戒毒、戒毒的原理、戒毒机构介绍等。

（6）禁毒意识：包括了解掌握一定的识毒、防毒、拒毒的策略与技能等。

毒品预防教育既要充分利用报刊、广播、电视、互联网等大众传媒的功能，又要善于发挥标语、墙报、招贴画、文艺演出等群众性宣传方式的作用；既可采取专题讲座、课堂讲授等形式，又可采取谈话、讨论等形式。方法可以多种多样，形式可以丰富多彩，关键是因地制宜，务求实效。

二、大学毒品预防教育

大学，是一个充满学术氛围和人文气息的地方，在这里，同学们可以汲取理论知识，进行各种学术研究。然而，大学已经不再是一个远离毒品的世外桃源，大学生吸毒甚至贩毒的新闻也时常被报道，可以说，大学毒品预防教育已经迫在眉睫。

（一）大学毒品预防教育的一些误区

1. 大学生在毒品问题上存在错误观念

一是认为毒品离我们很遥远。部分大学生认为，一直生活在一个平静和谐的环境中，就算偶尔听到某某酒吧、歌厅有什么K粉、摇头丸的出现，也觉得那不应是他们的世界所有的东西。大学生了解的有关毒品的知识还很少，面对毒品时不仅缺乏辨别能力，同时防范意识也十分欠缺，更有甚者认为自己一辈子都不会碰到这样的麻烦，因此不想知道有关知识。二是认为沾染毒品不可怕，自制力强就能轻易戒掉。由于存在着这样的错误认识，有的大学生认为如果沾染上了毒品，凭自己的自制力，一定能戒掉，这是一个十分值得关注的现象。

2. 大学生周围危险因素日益增长

近年来，化学合成毒品问题日趋严重，如冰毒、K粉由于制造工艺简单，价格较低，发展势头强劲，吸食的人数也增长迅速，特别在歌舞娱乐场所滥用情况严重。我们都知道青少年吸毒75%以上是受朋友的影响和引诱，如果没有一些关于毒品方面的知识，没有防范意识，就很危险。从目前来看，吸毒现象已波及社会各个层面，大学生也难以幸免。

3. 大学生自身存在着沾染毒品的潜在因素

因为大学生正处于青春期后期与成年初期阶段，在生理和心理上都处于迅速变化的过程中，虽然他们文化层次较高，思想比较活跃，然而由于他们阅历浅、社会经验不足，对自己缺乏正确而全面的认识，容易受到社会上各种思潮的冲击，很容易产生各种各样的心理冲突和矛盾。调查中发现，当有些学生难以解脱而消极颓废时，就容易寻找外在解脱办法。而如果他们对毒品知之甚少，对其中的危险性又认识不足的话，就容易陷入毒品的麻醉之中。

（二）大学如何进行毒品预防教育

1. 加强思想政治教育

大学时期，大学生的思想尚未完全成熟，正处于世界观、价值观、人生观逐渐形成的阶段，具有较强的可塑性。高等院校应加大思想政治教育力度，用科学的理论武装人、用革命的信念教育人、用正确的舆论引导人，帮助大学生树立为共产主义事业献身的远大理想和为祖国的繁荣、富强而奋斗的目标，帮助他们树立正确的世界观、人生观、价值观。只有这样，他们才能自觉抵制一切错误的价值观念和人生哲学，摒弃腐朽、堕落的生活方式，正确认识社会转型时期的各种现象，正确对待生活中的各种困难与挫折，战胜自我，以积极的态度投入学习和生活中去。

2. 帮助大学生认识毒品的危害，自觉远离毒品

由于多数大学生对于毒品并不了解，因此高校应加强禁毒宣传工作，帮助大学生认识毒品，了解毒品的危害以及吸毒导致的一系列严重后果，从而增强广大学生对于毒品的免疫力，让他们自觉远离毒品，珍爱生命。有调查显示，大学生对毒品的认识是较为肤浅的，他们在接受正规的禁毒教育以前，只粗略地知道几种流行的毒品，如海洛因、鸦片、冰毒等的名称，对他们的种类、危害等认识极其有限。通过系统的禁毒教育，可以使他们对毒品的知识和危害有一个全面的了解和认识，并进而掌握与毒品有关的国家政策、法律知识、药物依赖的基本原理、世界范围的毒品问题等较系统的知识。

开展禁毒宣传教育可以采取多种形式，如通过讲座、图片展览的形式，提高广大学生对毒品的认识；聘请医生给学生讲解毒品成瘾的机理和毒品对身体的危害，适当时组织学生参观戒毒所，让戒毒人员现身说法，加深广大学生对吸毒危害性的认识；必要时，我们还可以把毒品宣传教育列入思想品德教学内容中去。总之，只有首先让学生真正了解毒品，才能谈得上防毒、禁毒。

3. 关心学生、正确引导学生

高校教育者应关心大学生的学习与生活，当他们遇到困难与挫折时，教师应主动与他们谈心，帮助他们克服困难，战胜挫折。学校还应加强对学生的心理教育，教育他们自尊、自强、自信，学会独立、正确地处理问题。与此同时，学校还应开展心理咨询，及时为有心理障碍的学生指点迷津。

高校应积极繁荣校园文化，丰富大学生的课余生活。要引导大学生参加各种各样的文体活动以及健康有益的活动，让他们从繁重的功课学习中解脱出来，在集体活动中享受生活的乐趣。大学生参加健康有益的文体活动，可以提高他们适应集体生活的能力，锻炼他们的意志品质，有利于完美人格的形成。

这样，我们一方面帮助学生解决了现实生活中的各种问题，另一方面又把他们引导到形式多样的文体活动中去，这就大大减少了他们接触毒品的可能性。

4. 家庭、学校、社会齐抓共管，形成合力

预防大学生吸毒，开展禁毒教育，不能光靠学校，全社会都应当为此做出努力。对家庭而言，父母应严于律己，远离毒品，给子女以良好的示范作用。同时，应时刻关心子女的成长，了解他们的学习、生活状况，多与他们谈心，

帮助他们正确对待和处理生活中的各种问题;要留心子女思想和行为上的变化,以便及时教导和帮助纠正,使子女能健康成长,不受社会不良风气的影响。

对学校而言,要加强对学生的素质教育和法制教育,给学生的学习和生活创造一个文明、舒适的环境。学校还应经常与家长取得联系,及时反馈信息,共同做好学生的思想政治工作。对社会而言,全社会应加大禁毒宣传教育的力度,并严厉打击毒品犯罪,各种舆论媒体要经常开展禁毒宣传,帮助大学生更进一步了解国家禁毒工作的进展。对学校周边存在的黄、赌、毒一律予以清剿、严惩,绝不能让吸、贩毒人员接近,为学校创造一个良好的周边环境。

第二节　参与禁毒的志愿活动

一、志愿者概述

每个人都有参与社会事务的权利和促进社会进步的能力，同样，每个人都有促进社会繁荣进步的义务及责任。而志愿者就是一群主动承担起社会责任的人。志愿者也叫义工、义务工作者或志工，是指在自身条件许可的情况下，参加相关团体，在不谋求任何物质、金钱及相关利益回报的前提下，在非本职职责范围内，合理运用社会现有的资源，服务于社会公益事业，为帮助有一定需要的人士，开展力所能及的、切合实际的，具一定专业性、技能性、长期性服务活动的人。

青年志愿者行动是我国志愿者服务的主要内容，是体现中华民族助人为乐和扶贫济困的传统美德的高尚事业。1993 年年底，共青团中央决定实施中国青年志愿者行动，并于1994年12月5日成立了中国青年志愿者协会。随后，青年志愿者行动迅速在全国展开，青年志愿者行动不断发展，志愿服务的领域不断扩大，志愿者队伍日益壮大。1998 年 8 月，团中央青年志愿者行动指导中心成立，负责规划、协调、指导全团的青年志愿服务工作。

青年志愿者行动实施以来，得到了广大青年的积极响应，得到了党政领导和社会各界的充分肯定，受到了人民群众的普遍欢迎，产生了良好的社会影响。在唐山大地震中不幸截瘫的残疾群众逢人常说的一句话就是：“一下雨一下雪，青年志愿者们就来帮助我们！”青年志愿者是他们的“贴心人”“好帮手”，中央领导同志和各级党政领导都对青年志愿服务事业的发展给予了肯定，并提出了明确要求。青年志愿者活动被写入党中央十四届六中全会决议、十五届三中全会决议等重要文件。

青年志愿者行动符合时代发展的潮流，符合人民群众的需要，符合当代青年的特点，蕴藏着巨大的发展潜力，呈现出旺盛的生命力和广阔的发展前景，是发展社会主义市场经济中一项生机勃勃的事业。它使一些需要帮助的社会成员从志愿服务中感受到社会的温暖，在全社会弘扬“奉献、友爱、互助、进步”的志愿者精神，倡导时代新风正气，对社会主义精神文明建设有积极的推动作用，已经成为新时期群众性精神文明创建活动的有效途径。

二、禁毒青年志愿者

（一）禁毒志愿者概述

大力发展禁毒志愿者，深入开展禁毒志愿者行动，是国家禁毒委员会的重要部署。各地禁毒志愿者组织应允许并鼓励戒毒成功人员参与禁毒志愿者服务工作。

禁毒志愿者行动是禁毒志愿者行动的重要组成部分。禁毒志愿者行动可以有效激发广大青年参与禁毒工作的积极性，有力促进禁毒宣传教育和帮教戒毒人员等多方面的工作，是青年参与禁毒斗争的重要载体，也是开展毒品预防教育的一种新机制。

禁毒志愿者需要满足一定的条件：年满 18 周岁，具有社会责任感和奉献精神，遵纪守法，热心禁毒工作，每年自愿参加 48 小时以上的禁毒志愿者服务工作，具有合法的身份证明，具备相应的体能和服务技能。可向所在地禁毒志愿者组织提出申请，经接受申请的禁毒志愿者组织批准后，依照招募程序和办法可以正式吸收为禁毒志愿者，并由中国禁毒志愿者行动协调办公室或其授权的机构发给禁毒志愿者证书。

禁毒志愿者应当隶属于一定的组织，禁毒志愿者组织是指服务于禁毒工作的公益性群众组织。根据《国家禁毒委、共青团中央、全国总工会、全国妇联关于推动禁毒志愿者行动的通知》的要求，在全国禁毒委员会的领导下，国家禁毒委员会办公室会同共青团中央、全国总工会、全国妇联成立中国禁毒志愿者行动协调办公室，负责对全国禁毒志愿者工作的协调、指导。各地要根据禁毒工作的需要，建立不同规模的禁毒志愿者组织，禁毒工作任务较重的地区要率先建立。各级禁毒部门和共青团中央要加强对禁毒志愿者组织的管理。各地禁毒志愿者组织要按照我国的相关法律法规、中国青年志愿者协会的章程等相关规定制定自己的章程，并在上级组织的领导下依照章程开展工作。

（二）禁毒志愿者的服务项目

禁毒志愿者的服务项目主要是开展禁毒宣传和预防教育工作，关心、帮助戒毒人员彻底戒断毒瘾，协助、配合禁毒主管部门开展相关的禁毒工作。具体内容包括以下几个方面：一是开展多种形式的毒品及其危害的宣传和预防教育工作；二是参与我国禁毒方针及法律法规的宣传教育工作；三是深入基层，参与目标社区的禁毒、戒毒、拒毒、防毒等项目的宣传和预防教育工作；四是积极招募禁毒志愿者，特别是要鼓励教师、医生、律师、新闻工作者、社会工作者等有专业特长的人员立足岗位或利用业余时间参与禁毒工作，并成为禁毒志愿者组织的骨干力量；五是帮助社区内戒毒人员彻底戒断毒瘾，重返社会；六是参与禁毒志愿者协会和当地禁毒部门组织的其他活动。

此外，禁毒志愿者组织还应发挥其组织领导职能，中国禁毒志愿者行动协调办公室每年重点推动一至两项全国性的禁毒志愿者服务项目；各地禁毒志愿者组织应结合本地区禁毒工作的实际，开展具有地区特色的禁毒志愿者服务活动；各地禁毒志愿者组织还要大力宣传禁毒志愿者行动的成功经验和禁毒志愿者典型人物和事例，进一步弘扬禁毒志愿者的服务精神，鼓舞更多的人参与到禁毒志愿者队伍中来。

（三）禁毒志愿者的权利

1. 参加有关禁毒志愿服务活动的权利。
2. 接受禁毒方面知识的教育和培训的权利。
3. 提供禁毒志愿服务时要求组织提供必要的物质保障和安全保障的权利。
4. 对禁毒志愿者组织提出批评、建议和意见，并进行监督的权利。
5. 请求禁毒志愿者组织帮助解决在志愿服务活动中遇到的困难和问题的权利。
6. 有困难时优先获得志愿服务的权利。
7. 要求禁毒志愿者组织维护青年志愿者自身合法权益的权利。
8. 获得禁毒志愿者组织奖励的权利。
9. 退出禁毒志愿者组织的权利。
10. 禁毒志愿者组织规定的其他权利。

（四）禁毒志愿者的义务

1. 履行禁毒志愿服务承诺。
2. 遵守国家法律法规和禁毒志愿者的章程、其他制度。
3. 参加禁毒志愿者组织安排的志愿服务活动。

4. 不损害被服务者的合法权益。
5. 不以禁毒志愿者的身份从事盈利性或违背社会公德的活动。
6. 维护禁毒志愿者组织和禁毒青年志愿者的声誉和形象。
7. 每年参加不少于 48 小时禁毒志愿服务活动。
8. 奉行中国青年志愿者奉献、友爱、互助、进步的原则。
9. 自身远离毒品。
10. 相关法律法规及团组织、志愿者组织规定的其他义务。

第三节 成为一名合格的大学生禁毒志愿者

一、成为一名合格的大学生禁毒志愿者

（一）大学生禁毒志愿者存在的不足

大学生是禁毒志愿者的主力军，他们人数众多，充满了志愿服务的热情。但因为禁毒志愿工作的特殊性，目前大学生禁毒志愿者普遍存在以下几个不足。

一是知识储备不足。首先是对禁毒知识了解得太少，如对毒品常识、禁毒宣传教育知识、戒毒知识和禁毒法律等都不够了解或一知半解。其次是社会学知识缺乏，不了解社会学的各种知识，没有掌握社会工作的方法，甚至缺乏社会常识。再次是不了解心理学知识，绝大多数大学生志愿者根本不了解或不愿了解这方面的知识。最后，还欠缺教育学等方面的知识。有的大学生志愿者对以上相关知识的了解仅仅只是依赖于教师的个别讲座或某次参观，缺乏系统知识的学习培训，而禁毒志愿工作是一项多学科知识交叉、多能力技巧的结合，没有系统的学习是无法掌握的。

二是工作能力和方法存在缺陷。由于大学生志愿者自身社会经验不足，社会工作能力不足，导致缺乏有效的服务方法，呆板有余，灵活不足。许多大学生不了解社情民意，缺乏洞察世事人情的处事和社交能力。社会工作的知识不足和社会工作技巧能力的缺乏，导致他们在解答各种禁毒专业问题、法律问题和对戒毒人员进行帮教方面存在能力和方法上的缺陷与不足。大学生禁毒志愿者自身能力和方法不足，而我们对于大学生禁毒志愿者的培训还

局限于知识的传授、常识的了解、一般性的参观活动，缺乏方法的传授与讲解。只授他以鱼，未授他以渔。

三是自身心理与工作技巧存在问题。许多大学生志愿者自身心理素质不过硬，对志愿工作存在畏难情绪、畏惧心理，自我心理调适能力不足，心理干预能力更差；有的缺乏必要的观察力和判断力，不能有效地避免服务过程中突发情况带来的麻烦和风险，甚至缺乏自我保护意识。禁毒志愿者工作的目的就是通过正确的判断去了解人、帮助人、影响人，而那些刚刚加入志愿者行列的大学生在志愿服务工作中却往往被服务对象牵着鼻子走，不能掌握服务的节奏和主动权，尤其是在难度较大的帮教服务工作中。

四是志愿工作范围狭窄，缺乏必要锻炼。大学生禁毒志愿者往往是参与一些宣传活动，较少参与其他禁毒志愿活动，如参与社区戒毒工作。他们往往是在“6·26”国际禁毒日和其他几个有限的节点，参加一些集中宣传活动，平时没有什么活动锻炼，缺乏社会工作历练；偶尔参与社区戒毒人员的帮教工作，也缺乏专业人士的指导与帮助。志愿工作范围的狭窄，实践活动的缺乏，使得大学生志愿者不能得到很好的锻炼，当然，能力也不可能很快提高。

五是志愿工作准备不充分。禁毒志愿工作是科学性、知识性和艺术性的完美统一，优秀的禁毒志愿者必然是充满智慧的。所有志愿工作都应该经过周密的计划安排，并做好充分的思想准备、心理准备与物质准备。工作前有计划、有预案，工作中有方法、有技巧，工作后有总结、有讨论。一个成熟的禁毒志愿者一定会与同伴建立良好的合作和信任关系，使志愿服务工作得到尽可能多的助力。

（二）大学生禁毒志愿者应具备的素质

禁毒志愿工作是一项复杂的工作，对于大学生禁毒志愿者来说，要想参与这项工作，就要具备一些基本的素质。

1. 坚定的信念

禁毒志愿者要对毒品危害有正确的认识，并抱定坚定的信念，在任何情况下，都不要尝试用自己的身体作为吸毒再戒毒的样本去教育成瘾者。大学生志愿者必须有一个坚定的信念，那就是：不尝试！

禁毒和戒毒都不是一个短时间的事情。作为志愿者，决不能因为自己的努力在一段时间之内没有见到成效就灰心放弃。也许正是因为你的努力，阻止了更多的青年成为成瘾者；也许正是因为你的努力，那个濒临绝境的成瘾者家庭已经感受到了温暖。所以，大学生志愿者必须坚持第二个信念：不放弃！

2. 丰富的知识储备

禁毒专业知识内容众多，需要志愿者在志愿服务过程中不断学习。对于大学生禁毒志愿者来说，首先要掌握较为专业的禁毒知识。除了要了解各种毒品的性状及危害之外，还要对不同毒品成瘾后会有怎样的戒断反应有所掌握。要充分了解成瘾者的心理状况，只有这样，在面对成瘾者时才不会被动。一些成瘾者为了能够获得毒品，会使用种种方法，一些初涉禁毒工作的大学生志愿者为了帮助成瘾者早日戒毒，往往轻信其编造的谎言，出钱、出物，结果却适得其反。

对大学生禁毒志愿者来说，社会知识也是必须不断学习的内容，所谓“人情练达即文章”，对人对事不能用简单的好坏、对错、是非来进行判断，应该学会用尊重、平等、包容的心态去面对服务对象。在服务对象提出一些要求的时候，应该有正确的判断，如果拿不准的话，应该多请教相关专业人员或资深志愿者，请他们协助解决。

3. 良好的人际沟通能力

良好的人际沟通能力可以使志愿者做起事来事半功倍。提升沟通能力可以从三个方面入手：首先是多观察，从生活中观察，从服务中多观察，看看在不同的事件中，其他人是怎样使用恰当的语言和处理方式，使事情得到圆满解决的；其次是多学习，遇到不会的事情要及时请教比自己资深的志愿者，也要从自己的错误中不断总结经验教训；此外是多实践，再好的理论也要通过实践来检验。待人接物本是一门艺术，我们每个人其实都是一名艺术家。只要能不断地观察、学习和实践，每个人都会成为一名出色的禁毒志愿者。

4. 团队精神和组织协调能力

每项工作、每项服务，都不是一个人能完成的。一个优秀的禁毒志愿者，不仅要个人素质过硬，还要有团队精神和组织协调能力。尤其大规模的志愿者服务，就像大兵团打仗一样，部队之间的协调、上下级之间的协调都是环环相扣的，不能有任何差错，这有利于团队作战，完成较大规模的服务任务。另外，即使在单独面对成瘾者的时候，大学生志愿者也要学会借助社区、街道、成瘾者家属等其他组织和个人的力量，使志愿服务工作达到事半功倍的效果。

5. 独立思考和判断能力

单独面对成瘾者，可能会有各种各样的突发情况，身为志愿者需要有较强的独立思考和判断能力。此外，志愿者队伍好比一列行进的列车，在行进中会不断有人“上车”或“下车”，一个成熟的志愿者，情绪不应该因此受到影响，不能因为某个一直信任和依赖的前辈或同伴的“下车”而情绪低落。在列车的行进中，我们结识了许多新的朋友、增长了阅历、学会了很多技能，更重要的是我们学会了独立思考和判断。当我们的热情变得更加理智的时候，我们也学会了用批判的视角去审视周围和自己，也学会了独立思考去解决问题。

（三）提升大学生禁毒志愿者素质的关键

首先，应为高等院校相关专业的教师提供禁吸戒毒问题的社会调查与研究资源，让这些传道授业的老师在这些问题上获取大量第一手有价值的资料和信息。在此基础上，禁毒部门通过科研合作，聘请专家组等形式让这些感兴趣的教师在这一领域开展深入的科学研究，并在他们的科研与调查中，引导他们的学生参与，引导他们把专业的社会工作知识与禁吸戒毒具体工作相结合。这将为大学生禁毒志愿者提供可靠的专业培训师资力量，也将为那些潜在的大学生禁毒志愿者打下较为扎实的禁毒专业知识基础。

二、禁毒宣传“六进”活动

禁毒宣传“六进”活动是国家禁毒委员会在 2000 年禁毒宣传文件中明确提出的工作目标，其具体含义是指禁毒宣传工作、预防管控工作要进学校、进单位、进家庭、进场所、进社区、进农村，从而实现全社会禁毒、戒毒、防毒无死角、无盲区。

1. 禁毒宣传进学校

通过举办禁毒知识讲座、组织学生参观毒品预防教育基地、观看禁毒办自编自导禁毒微电影、公益广告等加深学生对毒品危害的认识，树立正确的人生观、价值观；组织开展校园禁毒教案评比活动，激发教师的责任意识，积极投身青少年毒品预防教育工作中，为实现校园无毒品这一目标，贡献自己的力量。

2. 禁毒宣传进社区

各街道、社区紧紧围绕“无毒街道”“无毒社区”创建工作，发动领导干部、社区民警、禁毒志愿者，通过深入居民小区，发放宣传资料、办黑板报、悬挂横幅、张贴禁毒禁示语、签订不涉毒承诺书、发放禁毒宣传小礼品等活动，增强辖区居民禁毒意识和抵制毒品的能力；同时，针对重点人群，对社区戒毒康复人员，采用上门家访的精细化宣传方式，重点宣传禁毒法律法规、社区戒毒康复等相关禁毒知识，并了解他们的需求，解决他们的困难，帮助他们就业等，营造和谐的社区禁毒氛围，促进戒毒康复人员尽快回归社会。

3. 禁毒宣传进农村

各乡镇牢牢抓住外出务工人员宣教战场，联合包抓单位、基层派出所，深入各个行政村的集市街道、文化广场、宗教场所，举行大型主题宣教活动、播放禁毒电影、举办禁毒讲座进村社等，让广大村民从思想上真正认识毒品、拒绝毒品，树立“远离毒品、健康生活”的生活理念。结合禁毒宣传进村活动，加强禁种工作力度，持续加大打击种植毒品原植物和制毒贩毒等毒品犯罪的力度，进一步巩固毒品原植物“零种植”“零产量”的成果。

4. 禁毒宣传进家庭

深入基层宣讲毒品知识、禁毒法律、法规，发放禁毒宣传资料、禁毒宣传小礼品，表演禁毒文艺节目，邀请涉毒家庭妇女现身说法并为她们提供法律援助等形式，深入开展“不让毒品进我家”活动，号召广大妇女同胞积极投入禁毒宣传工作，引领家人掌握毒品知识，深刻认识毒品的危害，增强家庭抵御毒品能力，构建幸福和谐美好家庭。

5. 禁毒宣传进企业

禁毒办联合工会在企业举办“进企业”禁毒知识专场讲座，由区禁毒办工作人员为企业职工进行禁毒知识培训；号召企业积极开展“无毒单位”“文明单位”创建工作；广大职工在拒绝毒品的同时，争做禁毒工作的宣传员、监督员，积极参与禁毒人民战争。

6. 禁毒宣传进场所

各城乡派出所、治安部门加强与辖区工商、文化等部门的协作，深入辖区公共服务娱乐场所，一是通过张贴禁毒警示标语、摆放禁毒宣传品、安装禁毒宣传软件、公布涉毒举报奖励办法广泛开展禁毒宣传；二是通过对特殊服务业从业人员进行禁毒知识培训、举办禁毒知识讲座、举行禁毒知识竞赛、签订不涉毒承诺书等形式加强毒品预防宣传教育；三是加大对公共服务娱乐场所整治力度，对不按规定张贴禁毒警示标语、摆放禁毒宣传品、安装禁毒宣传软件、公布涉毒举报奖励办法的娱乐场所，要停业限期整改到位，对涉毒的娱乐场所，要坚决关停。

另外，随着时代的发展，禁毒宣传“六进”活动也不一定非要拘泥于传统的办讲座、发传单等方式，还可以与当前热门的新媒体结合。禁毒宣传“六进”活动的目的是实现对全社会不同阶层、不同年龄、不同群体的全覆盖。手机、电脑等新兴媒体，具有传播快速、覆盖面广、普及率高、内容丰富、浏览便捷等现代化、多元化特点，这与禁毒宣传“六进”活动工作的具体需求相契合，通过将新媒体与“六进”工作相互融合，必将推进“六进”工作取得更好的社会效益。

传统媒体的电视、报纸、广播具有系统的组织管理体制，具有党组织的制度制约和管束力，能按照党性原则和中央精神，统一政策、法律观点，利用传统媒体开展禁毒宣传会收到更好的宣传效果。通过利用《中国禁毒报》等专业媒体作为“六进”宣传的有力工具，用单位集体以及个人订阅的形式订购报纸，占领“六进”场所区域。

在禁毒办的统一组织协调下，电视、广播、报纸等传统媒体除发放相同宣传内容以外，每周、每月、每个时段都要创立自主的宣传内容，同时，大型商圈、公益广告、LED屏要做到无代价定时段宣传禁毒。此外，为将“六进”内容具体化，可以将吸毒、制毒、贩毒违法犯罪行为特点，禁毒法律、法规以及毒品知识、染毒危害等内容编制成光碟、图册等宣传材料，分发到“六进”场所，从而做到进有内容，做有实事。

在此基础上，细化、量化禁毒委成员单位职责。学校、家庭、单位、企业、场所、社区、农村的法人、组织领导者要组织开展无毒家庭、无毒学校、无毒场所等的创建活动，并签订禁毒责任状，做到有标准，有考核。禁毒委成员单位以外的所有社会机关、团体、乡镇、街道等，要按照行业特点、数量，划分成与禁毒委成员单位相对应的几大系统区块，并分别由成员单位承包或管理，真正做到禁毒宣传无死角、帮教工作无盲区，使自由职业者都有人管，有人考核。

三、参与禁毒的其他方式

在校大学生应当自发举办一些诸如禁毒辩论赛、禁毒知识竞赛等趣味性强的竞技赛。举办这样的比赛类的活动，本身就要求参与者具有一定的禁毒理论知识水平，这对参与者是一种能力上非常好的锻炼；同时，既能够激发其他同学对于禁毒的兴趣，也相当于给同学们上了一堂别开生面的禁毒知识普及课，让大家在一种既紧张又欢乐的气氛中学习，避免了传统讲授式禁毒课堂的沉闷。

例如，2017 年由国家禁毒委员会办公室、教育部、共青团中央联合指导，中国禁毒基金会主办的全国首届大学生禁毒辩论赛，引起了包括在校大学生在内的社会各界的广泛关注，各高校大学生踊跃参与。在赛场上，36 支高校辩论队上演了一场精彩绝伦的对决，双方唇枪舌剑、你来我往、妙语连珠，赢得现场观众的阵阵掌声。国家禁毒办常务副主任、公安部禁毒局局长梁云表示，开展大学生禁毒辩论赛，充分展示了当代大学生的青春正能量，有效增强了大学生主动参与禁毒斗争的责任意识，广泛传播了“璀璨人生　无毒无悔”的健康生活理念，为深入开展毒品预防教育“6·27”工程、全面促进青少年健康成长打下了坚实基础。

此外，还能参与社区戒毒、社区康复工作，为吸毒人员提供一定的帮助，使吸毒患者能够更加坚定戒毒的信心；深入中小学宣传禁毒，为中小学生普及禁毒知识，讲授毒品危害，等等。

禁毒社会工作具有其特殊性，社区戒毒、社区康复工作就是其中重要的一项。禁毒志愿者是开展社区戒毒、社区康复工作的有利资源。对参与这项志愿服务工作的大学生禁毒志愿者来说，要对他们开展针对性的指导和培训，才能充分发挥他们的独特作用。

社区戒毒、社区康复工作的政策性很强，大学生志愿者参与这项工作的前提是要充分了解国家在这项工作中的政策规定，明确服务内容和相关守则。为此，上海市自强社会服务总社对参与这项工作的大学生志愿者要进行严格筛选，并对他们开展具有专业水准的培训，要求他们掌握禁毒社会工作各方面的知识，包括毒品基本知识、禁毒法律法规、我国的毒情形势及所采取的措施、禁毒志愿者服务常识、自我防护技能等，重点是社区戒毒、社区康复的相关知识。对于进一步开展帮教服务的志愿者，则要求他们掌握心理咨询、个案、小组等社会工作方法。

大学生禁毒志愿者介入社区戒毒、社区康复工作，最初宜选择从宣传教育开始。大学生志愿者是相当具有活力的一个群体，这个优势在禁毒社区宣传中可予以充分发挥。上海市自强社会服务总社除组织大学生志愿者进行一般宣传资料的发放工作外，还组织他们为广大社区群众进行禁毒宣讲，普及禁毒知识。通过这些活动，让大学生志愿者熟悉社区情况，为下一步深入开展一对一的帮教服务工作奠定基础。

社区服务对象的家庭条件总体来说都不佳，大学生禁毒志愿者可以发挥知识优势，帮助服务对象的子女，辅导他们的学习，提高他们的学习成绩。这样一来，一方面提升服务对象子女的自信心，帮助他们健康成长；另一方面，也通过这样的方式，增强服务对象坚持戒断毒瘾的决心与信心。因此，在组织大学生进入社区开展志愿服务时，要充分利用大学生的知识优势，否则对于社会经验缺乏的他们来说，很难找到合适的服务介入机会来开始一对一的帮教服务工作。

第四章 知晓法律

国家通过不同层级和效力的法律对不同的涉毒行为进行不同类型的规范，并以此形成禁毒工作的法律法规体系。我国现行的禁毒法律体系以《禁毒法》为专门的禁毒法典，构成禁毒法律体系的基础，以《刑法》和《治安管理处罚法》为惩治毒品违法犯罪行为的主线；以行政法规和地方性法规等单行禁毒专门法律法规、我国加入的禁毒国际公约为具体内容；以非禁毒专门法所涉及的禁毒法律法规作为补充，形成了相互配套的禁毒法律法规体系。

吸毒违法　贩毒有罪

珍爱生命　拒绝毒品

公安部毒品违法犯罪举报电话：010-66266611

一、国内禁毒法律法规

根据立法主体的不同，禁毒法律法规可作以下分类。

1 全国人大及其常委会制定的法律。主要包括：《刑法》分则第六章第七节“走私、贩卖、运输、制造毒品罪”及第一百九十一条“洗钱罪”相关规定；《治安管理处罚法》第七十一条至第七十四条；以及《禁毒法》。此外，《药品管理法》第三十五条的规定，亦属于涉及毒品管制的禁毒法律。

2 国务院制定的行政法规。主要包括《麻醉药品和精神药品管理条例》《易制毒化学品管理条例》《戒毒条例》《关于加强禁毒工作的意见》以及《娱乐场所管理条例》第十三条至第十四条所涉及的禁毒内容。

3 国务院下属部委指定的部门规章。主要包括：国家卫生健康委员会《药品类易制毒化学品管理办法》、国家市场监督管理总局《戒毒药品管理办法》、司法部《司法行政机关强制隔离戒毒工作规定》以及公安部《公安机关强制隔离戒毒所管理办法》《易制毒化学品购销和运输管理办法》等。

4 两院司法解释。主要包括：最高人民法院《关于审理毒品犯罪案件适用法律若干问题的解释》《全国法院毒品犯罪审判工作座谈会纪要》、最高人民检察院公诉厅《毒品犯罪案件公诉证据标准指导意见（试行）》等。

5 其他法律规范性文件。此类文件数量较多，如最高人民检察院、公安部《关于公安机关管辖的刑事案件立案追诉标准的规定（三）》，公安部、商务部、卫计委、海关总署、应急管理部、国家市场监督管理总局《关于将羟亚胺列入〈易制毒化学品管理条例〉的公告》等。

6 地方性法律文件。此类文件数量庞大，如《广东省禁毒条例》《上海市禁毒条例》《武汉市禁毒条例》等。

（一）《禁毒法》

《禁毒法》于2007年12月29日第十届全国人民代表大会常务委员会第三十一次会议通过，第七十九号国家主席令公布，自2008年6月1日起施行，是目前规范我国禁毒工作的基本法律。《禁毒法》是为了应对毒品违法犯罪形势、适应禁毒工作发展需要，在总结多年来禁毒斗争实践经验、吸收国内外已有法律规定基础上，制定的第一步全面规范我国禁毒工作的重要法律。《禁毒法》的颁布与实施，进一步彰显了我国政府厉行禁毒的一贯立场和坚定决心，完善了我国预防和惩治毒品违法犯罪的法律体系，对于依法全面推进我国禁毒事业具有重要意义。

《禁毒法》共7章71条，遵循“专群结合”、预防与惩治相结合、教育与救治相结合的原则，明确了禁毒工作方针、领导体制、工作机制、保障机制、法律责任，规范了禁毒宣传教育、毒品管制、戒毒措施、国际合作等业务工作。主要包括以下六方面。

1. 总　则

总则规定了立法目的，即“为了预防和惩治毒品违法犯罪行为，保护公民身心健康，维护社会秩序”。总则明确了对毒品的定义，即“鸦片、海洛因、甲基苯丙胺（冰毒）、吗啡、大麻、可卡因，以及国家规定管制的其他能够使人形成瘾癖的麻醉药品和精神药品”。同时，总则确定了禁毒的责任，即“禁毒是全社会的共同责任。国家机关、社会团体、企业事业单位以及其他组织和公民，应当依照本法和有关法律的规定，履行禁毒职责或者义务”。此外，总则还对禁毒的方针、工作机制、机构设置、经费来源和支持等做出了指导性立法，确定了“预防为主，综合治理，禁种、禁制、禁贩、禁吸并举”的方针，以及对于各种形式的参与禁毒方式的鼓励等。

2. 禁毒宣传教育

《禁毒法》第十一条规定："国家采取各种形式开展全民禁毒宣传教育，普及毒品预防知识，增强公民的禁毒意识，提高公民自觉抵制毒品的能力。"同时，《禁毒法》规定了各级人民政府、工会、共产主义青年团、妇女联合会、教育行政部门、学校、新闻、出版、文化、广播、电影、电视等有关单位的禁毒宣传义务，确立了禁毒宣传教育在禁毒工作中的首要地位，发动各种社会力量开展禁毒宣传教育活动。值得一提的是，第十八条规定的"未成年人的父母或者其他监护人应当对未成年人进行毒品危害的教育"，指出了未成年人的父母或者其他监护人负有对未成年人进行毒品危害教育的义务。

3. 毒品管制

《禁毒法》规定了麻醉药品、精神药品和易制毒化学品管制的种类、范围、措施和办法。毒品管制是针对毒品非法属性指定的措施，旨在通过行政管理和社会力量，对于毒品原植物实行管制；对于麻醉药品和精神药品的实验研究、生产、经营、使用、储存、运输实行许可和查验制度。同时，规定了公安机关、海关以及邮政企业等单位查缉、检查毒品和易制毒化学品的职责，娱乐场所应当建立巡查制度，以及对依法查获吸毒人员的吸毒器具、与毒品违法犯罪有关物品的处理和反洗钱部门的配合查缉职责。

4. 戒毒措施

《禁毒法》坚持以人为本，立足吸毒者具有病人、违法者和受害者三重属性，对其既要惩罚也要教育和救治，对戒毒工作作出了重大改革。本章规定国家采取各种措施帮助吸毒人员戒除毒瘾，教育和挽救吸毒人员；废除原来的强制戒毒、劳教戒毒制度，将二者整合为强制隔离戒毒；将社区戒毒、

社区康复、自愿戒毒、戒毒药物维持治疗纳入立法，增加了设置戒毒康复场所等相关内容。同时，本章规定了社区戒毒、自愿戒毒、强制隔离戒毒和社区康复等具体措施，详细规范了戒毒人员在不同的戒毒措施开展期间的权利和义务。本着教育和挽救原则，《禁毒法》赋予了戒毒人员平等的权利，并且对开展戒毒措施的机构和人员的职责和义务做出了相应的规定，以有效地保障戒毒人员的权利。此外，本章对于吸毒成瘾的认定办法作出了授权性规定，即“吸毒成瘾的认定办法，由国务院卫生行政部门、药品监督管理部门、公安部门规定”。

5. 禁毒国际合作

《禁毒法》以专章将禁毒公约要求的国际合作义务法律化，规定根据缔结或者参加的国际公约或者按照对等原则，开展禁毒国际合作；国家禁毒委员会根据国务院授权，负责组织开展禁毒国际合作，履行国际禁毒公约义务；国务院有关部门应当按照各自职责，加强与有关国家或者地区执法机关以及国际组织的禁毒情报信息交流，依法开展禁毒执法合作；国务院有关部门根据国务院授权，可以通过对外援助等渠道，支持有关国家实施毒品原植物替代种植、发展替代产业。

6. 法律责任

《禁毒法》规定了违法的责任，包括刑事责任和行政责任。其中对于犯罪及其刑事责任的规定，大多依照《刑法》和之后的司法解释，同时特别规定了对于在实施戒毒措施中从事戒毒活动的机构的责任以及社会对于戒毒人员的责任，以上规定既惩罚违法犯罪活动，又保护相应的戒毒人员的合法权利。

（二）《戒毒条例》

《戒毒条例》于2011年6月22日国务院第160次常务会议通过，6月26日以国务院第597号令公布，自6月26日起实施。该条例共7章46条，主要包括戒毒保障机制、建立戒毒工作体系、细化戒毒法律责任、明确戒毒法规效力等几个方面的基本内容。该条例是为了落实《禁毒法》关于戒毒制度的指导性规定而制定的，目的在于"规范戒毒工作，帮助吸毒成瘾人员戒除毒瘾，维护社会秩序"。《戒毒条例》最主要的内容是规定了自愿戒毒、社区戒毒、强制隔离戒毒和社区康复的执行问题，从而解决了《禁毒法》的实际执行问题。其颁布充分体现了中国政府禁毒的决心和力度，将对规范戒毒工作，帮助吸毒成瘾人员戒除毒瘾，普及"爱生命、不吸毒"的禁毒意识，维护社会秩序，发挥重要作用，标志着我国戒毒法律制度体系的进一步完善。《戒毒条例》的主要内容包括以下几方面。

1. 戒毒工作机制

《戒毒条例》规定了县级以上人民政府应当建立政府统一领导，禁毒委员会组织、协调、指导，有关部门各负其责，社会力量广泛参与的戒毒工作体制。戒毒工作坚持以人为本、科学戒毒、综合矫治、关怀救助的原则，采取自愿戒毒、社区戒毒、强制隔离戒毒、社区康复等多种措施，建立戒毒治疗、康复指导、救助服务兼备的工作体系。同时，还规定戒毒工作所需经费列入本级财政预算，县级以上地方人民政府设立的禁毒委员会可以组织公安机关、卫生行政和药品监督管理部门开展吸毒监测、调查，以及戒毒机构和戒毒人员的权利义务。

2. 戒毒措施

《戒毒条例》在总结以往强制戒毒、劳教戒毒执法实践经验以及《禁毒法》规定的其他戒毒措施的试点经验基础上，全面规定了自愿戒毒、社区戒毒、强制隔离戒毒以及社区康复的责任主体、工作机制、戒毒人员的权利义务以及保障措施。

《戒毒条例》还依照《禁毒法》的授权，对强制隔离戒毒作出如下规定：一是明确了强制隔离戒毒所的设置程序，该条例规定，县级、设区的市级人民政府需要设置强制隔离戒毒场所、戒毒康复场所的，应当合理布局，报省、自治区、直辖市人民政府批准，并纳入当地国民经济和社会发展规划。二是明确了强制隔离戒毒场所分别由县级以上人民政府公安机关、设区的市级以上人民政府司法行政部门管理，并由公安机关、司法行政部门分段执行强制隔离戒毒的体制。三是规范了强制隔离戒毒场所的内部管理，规定了强制隔离戒毒场所在入所检查、分类分级管理、所外就医、诊断评估等方面的制度。

3. 法律责任

该条例规定了公安、司法、卫生行政等有关部门工作人员泄露戒毒人员个人信息的，乡（镇）人民政府、城市街道办事处负责社区戒毒、社区康复工作的人员有未与社区戒毒、社区康复人员签订社区戒毒、社区康复协议，不落实社区戒毒、社区康复措施等行为的，强制隔离戒毒场所的工作人员有侮辱、虐待、体罚强制隔离戒毒人员等行为的，分别要承担的法律责任。

（三）《刑法》第六章第七节

刑法是法律体系中最为严厉的部门法。对于禁毒工作来说，刑法规范既可以对被法律认定为毒品犯罪的行为施加严厉处罚，也可以对社会上潜在的毒品犯罪行为产生威慑。作为妨碍社会管理秩序的犯罪类型之一，毒品犯罪被《刑法》第六章第七节归为一个类罪。《刑法》从第三百四十七条至第三百五十五条规定了 12 种具体的毒品犯罪行为。我国对于毒品犯罪的处罚较为严厉，这显示出我国对于毒品危害的重视程度以及对毒品犯罪严厉惩处的态度。

值得注意的是，在我国，并非所有涉及毒品的犯罪都是毒品犯罪。有一些犯罪可能涉及毒品，但并不属于第六章第七节规定的“走私、贩卖、运输、制造毒品罪”的内容范围内，因此不能归纳为严格意义上的毒品犯罪。这是因为毒品本身也是一种具有价值的实体，如果在涉及毒品的行为中并未触及社会管理秩序，那么就不能构成刑法意义上的毒品犯罪。

第三百四十七条规定，走私、贩卖、运输、制造毒品，无论数量多少，都应当追究刑事责任，予以刑事处罚。走私、贩卖、运输、制造毒品，有下列情形之一的，处十五年有期徒刑、无期徒刑或者死刑，并处没收财产：

（一）走私、贩卖、运输、制造鸦片一千克以上、海洛因或者甲基苯丙胺五十克以上或者其他毒品数量大的；

（二）走私、贩卖、运输、制造毒品集团的首要分子；

（三）武装掩护走私、贩卖、运输、制造毒品的；

（四）以暴力抗拒检查、拘留、逮捕，情节严重的；

（五）参与有组织的国际贩毒活动的。

走私、贩卖、运输、制造鸦片二百克以上不满一千克、海洛因或者甲基苯丙胺十克以上不满五十克或者其他毒品数量较大的，处七年以上有期徒刑，并处罚金。

走私、贩卖、运输、制造鸦片不满二百克、海洛因或者甲基苯丙胺不满十克或者其他少量毒品的，处三年以下有期徒刑、拘役或者管制，并处罚金；

情节严重的，处三年以上七年以下有期徒刑，并处罚金。

单位犯第二款、第三款、第四款罪的，对单位判处罚金，并对其直接负责的主管人员和其他直接责任人员，依照各该款的规定处罚。

利用、教唆未成年人走私、贩卖、运输、制造毒品，或者向未成年人出售毒品的，从重处罚。

对多次走私、贩卖、运输、制造毒品，未经处理的，毒品数量累计计算。

第三百四十八条规定，非法持有鸦片一千克以上、海洛因或者甲基苯丙胺五十克以上或者其他毒品数量大的，处七年以上有期徒刑或者无期徒刑，并处罚金；非法持有鸦片二百克以上不满一千克、海洛因或者甲基苯丙胺十克以上不满五十克或者其他毒品数量较大的，处三年以下有期徒刑、拘役或者管制，并处罚金；情节严重的，处三年以上七年以下有期徒刑，并处罚金。

第三百四十九条规定，包庇走私、贩卖、运输、制造毒品的犯罪分子的，为犯罪分子窝藏、转移、隐瞒毒品或者犯罪所得的财物的，处三年以下有期徒刑、拘役或者管制；情节严重的，处三年以上十年以下有期徒刑。

缉毒人员或者其他国家机关工作人员掩护、包庇走私、贩卖、运输、制造毒品的犯罪分子的，依照前款的规定从重处罚。

犯前两款罪，事先通谋的，以走私、贩卖、运输、制造毒品罪的共犯论处。

第三百五十条规定，违反国家规定，非法生产、买卖、运输醋酸酐、乙醚、三氯甲烷或者其他用于制造毒品的原料、配剂，或者携带上述物品进出境，情节较重的，处三年以下有期徒刑、拘役或者管制，并处罚金；情节严重的，处三年以上七年以下有期徒刑，并处罚金；情节特别严重的，处七年以上有期徒刑，并处罚金或者没收财产。

明知他人制造毒品而为其生产、买卖、运输前款规定的物品的，以制造毒品罪的共犯论处。

单位犯前两款罪的，对单位判处罚金，并对其直接负责的主管人员和其他直接责任人员，依照前两款的规定处罚。

第三百五十一条规定，非法种植罂粟、大麻等毒品原植物的，一律强制铲除。有下列情形之一的，处五年以下有期徒刑、拘役或者管制，并处罚金：

（一）种植罂粟五百株以上不满三千株或者其他毒品原植物数量较大的；

（二）经公安机关处理后又种植的；

（三）抗拒铲除的。

非法种植罂粟三千株以上或者其他毒品原植物数量大的，处五年以上有期徒刑，并处罚金或者没收财产。

非法种植罂粟或者其他毒品原植物，在收获前自动铲除的，可以免除处罚。

第三百五十二条规定，非法买卖、运输、携带、持有未经灭活的罂粟等毒品原植物种子或者幼苗，数量较大的，处三年以下有期徒刑、拘役或者管制，并处或者单处罚金。

第三百五十三条规定，引诱、教唆、欺骗他人吸食、注射毒品的，处三年以下有期徒刑、拘役或者管制，并处罚金；情节严重的，处三年以上七年以下有期徒刑，并处罚金。

强迫他人吸食、注射毒品的，处三年以上十年以下有期徒刑，并处罚金。

引诱、教唆、欺骗或者强迫未成年人吸食、注射毒品的，从重处罚。

第三百五十四条规定，容留他人吸食、注射毒品的，处三年以下有期徒刑、拘役或者管制，并处罚金。

第三百五十五条规定，依法从事生产、运输、管理、使用国家管制的麻醉药品、精神药品的人员，违反国家规定，向吸食、注射毒品的人提供国家规定管制的能够使人形成瘾癖的麻醉药品、精神药品的，处三年以下有期徒刑或者拘役，并处罚金；情节严重的，处三年以上七年以下有期徒刑，并处罚金。向走私、贩卖毒品的犯罪分子或者以牟利为目的，向吸食、注射毒品的人提供国家规定管制的能够使人形成瘾癖的麻醉药品、精神药品的，依照本法第三百四十七条的规定定罪处罚。

单位犯前款罪的，对单位判处罚金，并对其直接负责的主管人员和其他直接责任人员，依照前款的规定处罚。

第三百五十六条规定，因走私、贩卖、运输、制造、非法持有毒品罪被判过刑，又犯本节规定之罪的，从重处罚。

第三百五十七条规定，本法所称的毒品，是指鸦片、海洛因、甲基苯丙胺（冰毒）、吗啡、大麻、可卡因以及国家规定管制的其他能够使人形成瘾癖的麻醉药品和精神药品。

毒品的数量以查证属实的走私、贩卖、运输、制造、非法持有毒品的数量计算，不以纯度折算。

（四）《麻醉药品和精神药品管理条例》

《麻醉药品和精神药品管理条例》经 2005 年 7 月 26 日国务院第 100 次常务会议通过，自 2005 年 11 月 1 日起施行，共 9 章 89 条，分别对麻醉药品和精神药品的种植、实验研究、生产、经营使用、储存、运输、审批程序的监督管理，以及违反该条例所应承担的法律责任等作了规定。

该条例规定管制的药品目录由国务院药品监督管理部门会同国务院公安部门、国务院卫生主管部门制定、调整并公布。国务院药品监督管理部门应当组织医学、药学、社会学、伦理学和禁毒方面的专家成立专家组，由专家对申请首次上市的麻醉药品和精神药品的社会危害性和被滥用的可能性进行

评估，并提出是否批准的建议。例如，2007 年国家食品药品监督管理局、公安部、卫生部公布《麻醉药品品种目录》和《精神药品品种目录》中，国家规定实行管制的麻醉药品共 123 种，一类和二类精神药品共 132 种；而 2013 年国家食品药品监督管理局、公安部、卫生部公布《麻醉药品品种目录》和《精神药品品种目录》中，将这两种管制药品的种类调整为 121 种和 149 种。

二、我国加入的国际公约

我国分别于 1985 年和 1989 年先后批准加入《1961 麻醉品单一公约》《1971 精神药物公约》和《禁止非法贩运麻醉药品和精神药物公约》，国际公约在效力上具有与国内法相当的地位。

（一）《1961 年麻醉品单一公约》

1961 年 3 月 3 日，联合国大会通过了《1961 年麻醉品单一公约》，将非法种植罂粟、大麻和古柯列为应予惩罚的罪行，并对过去的公约和协定进行了合并与修订，还对有关刑事管辖权问题作了规定。为适应禁毒形势发展的需要，1972 年 3 月联合国在日内瓦召开会议对《1961 年麻醉品单一公约》以《经〈修正 1961 年麻醉品单一公约的议定书〉修正的 1961 年麻醉品单一公约》为名，提交各国批准，于 1972 年 3 月 25 日正式订立《经〈修正 1961 年麻醉品单一公约的议定书〉修正的 1961 年麻醉品单一公约》，该公约于 1975 年 8 月 8 日生效。我国于 1985 年 6 月 18 日第六届全国人大常委会第十一次会议决定加入，1985 年 8 月 22 日中华人民共和国政府向联合国秘书长交存加入书，该公约于 1985 年 9 月 21 日对我国生效。该公约规定各种违反公约的行为，即违反公约规定的任何麻醉药品的种植、生产、制造、提制、

调制、提供、兜售、分销、出售和以任何名义交付、经纪、发送、过境发送、运输、进口或出口，均为犯罪，都应受到严厉的处罚；该公约对过期的禁毒公约和协定进行了合并与修订，并补充了一些新的内容，是迄今为止关于麻醉品方面的较为全面的国际性禁毒公约。

（二）《1971 年精神药物公约》

为了对以往公约中没有包括的精神药物的滥用加以严格控制和惩治，1971 年 2 月 21 日联合国在维也纳通过了《1971 年精神药物公约》，1976 年 8 月 16 日该公约生效。我国于 1985 年 6 月 18 日第六届全国人大常委会第十一次会议决定加入，1985 年 8 月 22 日中华人民共和国政府向联合国秘书长交存加入书，该公约于 1985 年 11 月 21 日对我国生效。该公约是关于精神药物方面较为全面的国际性禁毒公约，对精神药物的范围、精神药物的管制措施、各缔约国报送本公约在其领土实施的情报资料、防止滥用精神药物的措施以及取缔非法产销的行为、违反公约的罚则等问题作了较为全面细致的规定。

（三）《联合国禁止非法贩运麻醉药品和精神药物公约》

1988 年 12 月 19 日在奥地利维也纳，联合国通过《禁止非法贩运麻醉药品和精神药物公约》会议的第六次全会上通过该公约，并于 1990 年 11 月 11 日生效。中华人民共和国政府于 1988 年 12 月 20 日签署本公约，1989 年 9 月 4 日第七届全国人民代表大会常务委员会第九次会议决定批准，1989 年 10 月 25 日中华人民共和国政府向联合国秘书长提交批准书，该公约于 1990 年 11 月 11 日对我国生效。该公约是迄今为止针对非法贩运毒品以及有关问题的全面、有效和可行的公约。该公约除基本上吸收了上述国际公约有关麻醉药品和精神药品方面的规定内容外，还较为详细、全面地对毒品犯罪的经济制裁、毒品犯罪的刑事管辖权、没收毒品犯罪非法收益和财产、毒品犯罪的引渡相互法律援助、移交诉讼和其他形式的合作培训、控制下交付等问题作了规定。该公约的制定意味着国际禁毒刑法规范的日益完善，对加强国际刑事合作、取缔国际非法贩运毒品犯罪活动具有重要意义。

三、总 结

我国是世界上禁毒立法最早的国家，早在1729年，清朝雍正皇帝就颁布了世界上第一部禁烟令——《兴贩鸦片及开设烟馆之条例》，此后又多次颁布各种禁烟法令。新中国成立以来，党和政府高度重视禁毒工作，陆续颁布了多部禁毒法令，严厉打击毒品犯罪活动。改革开放以来，面对复杂多变的禁毒形势，我国立法机关相继出台了一系列涉及毒品违法犯罪的法律法规，逐步形成了以刑事法律为主，行政法规和地方性法规相配套的较为完备的禁毒法律体系，为开展禁毒斗争提供了有力的法律武器。只有完善的、开放的毒品犯罪法律控制体系才能使毒品犯罪得到最有效的事后控制，从法律的惩治角度起到震慑与预防的作用。

后 记

曾经，一条辫子和一杆烟枪，竟然成了中华民族的缩影，而“东亚病夫”更是成了中国人的代名词。鸦片的泛滥成灾，像一场挥之不去的梦魇，一场不可遏止的瘟疫，蔓延了整个华夏大地。当唐朝人将西戎传来的“底也伽”用于治疗痢疾的时候，他们可能没有想到，千百年以后，他们的子孙后代，竟会惨遭这种“药物”的荼毒。“一进芝兰室，神仙归洞天。任尔府和道，不值一文钱”，瘾君子如是形容吸食鸦片时的欣快感，然而，也就是这种飘飘欲仙的感觉，葬送了多少生命，制造了多少家破人亡、买卖妻儿的悲剧。

新中国成立之初，各地的毒品贩卖活动依然猖獗，许多旧官僚、地痞、土匪、黑社会勾结在一起，利用各种手段大肆贩毒，潜伏的反共分子也利用贩毒筹措资金，扩大政治势力，甚至有一些贩毒分子意图利用毒品或者金钱腐蚀共产党干部或者国家干部。为此，中央人民政府发布一系列禁绝鸦片的文件，涉及禁种、禁运、禁吸这三个禁毒工作方面。随后全国各地纷纷响应，开展了轰轰烈烈的禁毒运动，各地方政府随即成立了禁毒委员会，颁布了多项禁毒措施，广大人民群众也积极配合，为禁毒贡献自己的力量。这场禁毒风暴仅用了三年就基本上禁绝了鸦片的种植、贩卖与吸食，其规模之宏大、成就之辉煌，在世界禁毒史上是前所未有的，其功绩也足以彪炳千秋。

然而，到了20世纪80年代初，随着中国的改革开放不断深入和扩大，国际间的贸易交往日益增强，毒品再次被不法之徒带入中国。随着新型毒品的逐渐渗透，毒品泛滥问题日益严重，甚至还诱发了大量治安案件和刑事案件，严重危害我国经济、社会的发展和人民的生活。面对日益严峻的毒品问题，党和国家本着对国家、民族、人民高度负责的态度，坚持严厉禁毒的立场，采取一切必要措施，不断加大对毒品犯罪的打击力度，竭尽全力禁绝毒品。

随着经济全球化的发展，毒品以及毒品制造持续在我国大肆蔓延，可以说，中国已经成为世界上毒品问题较为严重的国家之一。今后一个时期，毒品来源多样化、毒品滥用多样化和制毒、贩毒、吸毒一体化的趋势将更加明显，毒品危害还难以在短期内彻底清除。禁毒工作任重道远，它是一项系统工程，需要社会各界的关心，需要全社会的支持。

现在不把贩毒、吸毒的问题解决掉，从某种意义上说，是涉及中华民族兴亡的问题。这不是危言耸听，必须提到这样的高度来认识。中国目前禁毒工作的艰巨性、复杂性、长期性超过以往任何一个历史时期。作为未来国家和社会的栋梁，大学生应永远铭记鸦片给近代中国带来的巨大灾难，永远铭记中国人曾经被人称为“东亚病夫”的惨痛教训，发挥自身的优势，与社会各界一道共同努力，参与禁毒，只有这样，才能再次把毒品赶出国门，留给我们自己和我们的子孙后代一片净土。